特別支援教育ONEテーマブック

青山新吾
編集代表

ICT活用 新しいはじめの一歩

郡司竜平 著

JN135520

はじめに

特別支援学校で仕事をするようになって早10年以上が経ちました。いつのまにか私の教職歴の半分以上の年月を特別支援学校で過ごさせていただいたことになります。

学生の頃から少しずつ子どもたちと関わることが増えていた私が最初に赴任したのは、地元の小学校の特別支援学級でした。右も左もわからない私を助け、育ててくれたのは、目の前の子どもたちであり、その子どもたちと日々精一杯向き合っている保護者の皆さんでした。いま思えば、私の突拍子もないアイディアや取り組みを心広く受け入れて下さったからこそ、私は子どもたちと全力で向き合えたのかなと改めて感謝しています。しかし、当時は無我夢中でそのことには気づけませんでした。

その後は、教科指導について学びたいとの思いもあり、縁あって通常学級で働かせていただきました。そこは自然豊かな小規模の小学校でしたので、地域ぐるみで子どもたちを育てることを地で行っていましたし、教科で学んだことが家庭や自然の中で生かされていることが実感できるステキな学校でした。

そんな環境の中で、特別な支援を要する子どもたちがどのように社会に受け入れられ、成長していくのかということを改めて考えるようになり、実践していました。そういった経験の中で、やっぱり私は特別支援学校で子どもたちと過ごしたいとの思いを改めて感じ、特別支援学校に赴任させていただくことになりました。

特別支援学校赴任後は、自閉症スペクトラム（ASD）の子どもたちと関わらせていただくことが多かったこともあり、彼らのことを知りたい一心で必死に勉強をしましたし、文字どおり体当たりで日々を過ごしてきました。ここ数年は、小学部から中学部に移り、子どもたちの成長を少し離れたところから見つめる仕事もさせていただいています。

そんなときに出会った青山新吾先生から声をかけていただき、私の拙い取り組みをご紹介する機会をいただきました。

これから書かせていただくことは私が今まで出会った子どもたちと私の記録の一部です。一部なのですが、私にとってはどれもとても大切な記録だと思っています。その大切な記録が１つでも皆さんのお役に立てるのならと思い、2018年９月の末日にこの原稿を書き始めました。

同年９月６日、私の住む北海道は大きな地震に見舞われました。多くの方々が避難生活を余儀なくされた北海道胆振東部地震と称された地震です。私は、40年以上、この地で生活をしてきましたが、これほど大きな地震は初めての経験でした。

地震後すぐに私の住む地域は停電になりました。情報を得るための手段は、ラジオとスマートフォンとタブレット端末だけ。ラジオからは、こちらの欲しい情報だけを得られるわけではありません。その点、スマートフォンやタブレット端末で見るSNS等では、自分が欲しい情報に直接アクセスすることができました。バッテリーに限りはありましたが、自分のいま欲しい情報にアクセスし、自分の行動を選択する材料となりました。

また、社会全体の状況、自分の置かれている状況、友人の状況、職場の人たちの状況等、数多くの有益な情報を得ることができました。幸いにして、私の町は停電が２日間でした。保護者の方々へはＥメールで状況を伝達したり、各ご家庭の状況等は携帯電話を通じて知ることができました。これらはすべてICT（情報通信技術）機器と呼ばれているものを用いた結果です。

ICT機器が万能だったなどと言う気持ちはありません。しかし、この状況の中で、役に立ったものの上位であることは間違いないと実感しています。

学校が再開してから何人かの保護者の方と会話を交わしました。

「テレビが見られなくなって、子どもが不安定になってしまった。」

「タブレットでYouTubeを見て、親子で笑いながら過ごすことができました。」

「タブレットの充電が切れてしまって。子どもが怒ってしまいました。」

「スマートフォンのラジオアプリが役に立ちましたよ。」

どれもICT機器にまつわる話でした。子どもたちの安心安全な生活が第一ですが、その上で、各ご家庭でICT機器が身近な存在であることを再認識した会話でした。その中では、ICT機器のメリットだけではなく、デメリットもいくつか見えてきました。

本書では、ICT機器のさまざまな特性を踏まえながら、これからの世の中でなくなることはないであろう、いや、ますます発展してますます身近な存在になっていくであろうICT機器と、特別な支援を要する子どもたちとの関わりについて、拙い取り組みではありますが、これまでの私の取り組みの一端をお話しさせていただきます。

その中には、成功例ばかりではなく、数々の失敗した取り組みもあります。そんな失敗例も皆さんのこれからの取り組みの一助になればこれほど嬉しいことはありません。

2019年7月　郡司竜平

特別支援教育ONEテーマブック

ICT活用 新しいはじめの一歩

もくじ

序章

私とタブレット端末との出会い

2010年、初代 iPad 発売の CM を見て、「これだ！」と私は直感しました。

それは、なぜかというと、表出言語で伝えることが難しい。パソコンのキーボード入力が難しい。でも伝えたいことはたくさんある。わかることもたくさんある。内言語は伸びている。そんな子どもたちにとって「タッチ１つで自分の思いが伝えられるようになる！」と感じたからです。

当時、自閉症スペクトラム（ASD）の子どもたちと関わる機会が多かったこともあり、視覚的な情報処理が優位である自閉症の子どもの中に、このツールがヒットするであろうことを、これまでの実感も伴って感じました。大げさに言うと「特別支援が変わる！」と思いました。これは偽りのない気持ちでしたし、そして、その思いはいまもなお持ち続けています。

すぐにタブレット端末を手に入れた私は日夜、子ども用のアプリを検索しては試すという日々を繰り返しました。それこそ担任をしていた学級の子ども１人ひとりのアセスメント結果とにらめっこしながら、「この子にはこのアプリが使えるかもしれない」「この子の将来のコミュニケーションは、デジタル機器がメインになるほうがよいかもしれない」と、とにかく個に応じることを最優先で考えていました。それは、これから訪れるであろう１人１端末時代を予感していたからです。

これまでもさまざまな ICT 機器がありました。その最たるものは、パソコンです。パソコンもこれからもなくなることはないと思いますし、もはや私たちの生活には欠かせないものだと思います。

しかし、特別な支援を要する子どもたちにとっては、キーボード入力が１つの大きな壁となっています。マウス操作まではできてもキーボード入力がうまくできず……ということが少なくありません。その点、タブレット端末はタッチだけで多くのことができます。そこもまた、私がタブレット端末を支持する１つの大きな理由です。ただ、音声入力や視線入力などの機能が進化してきていますので、あと数年もすればそれは大きな理由にはならないかもしれません。

そんな日が早く来れば、いまよりももっともっと子どもたちに必要な支援の幅が広がるかもしれませんね。

本書は、ICT 活用と冠を掲げていますが、その内訳は私がもっとも支持しているタブレット端末を用いた取り組みです。

個と集団

これまでのタブレット端末を用いた授業実践（校種は問わない）を、概観[*1]してみたところ、通常学級の実践では、当たり前のことではありますが、「集団」の学習の中で、タブレット端末をどう位置づけ、活用したかが語られていました。

＊1　参考文献：日本教育工学会監修、高橋純・寺嶋浩介編著『初等中等教育における ICT 活用（教育工学選書Ⅱ）』ミネルヴァ書房、2018年。原田恵理子・森山賢一編著『ICT を活用した新しい学校教育』北樹出版、2015年。中川一史・苑復傑『教育のための ICT 活用』放送大学教育振興会、2017年。宇治橋祐之・小平さち子「一人一人の子どもの支援のためのメディア利用～2016年度「特別支援学校（小学部）教師と特別支援学級（小学校）教師のメディア利用と意識に関する調査」から～」『放送研究と調査』NHK 出版、2017年８月号。金森克浩編著『決定版! 特別支援教育のためのタブレット活用』ジアース教育新社、2016年。

その成果は、子どもたちへのアンケート結果で表されることもありますし、タブレット端末導入前後での学習活動の変容や子どもたちの学習の成果を数値化して、比較するなどの研究的な視点から語られることもあります。「集団」としての学びがどう変容したのかがここではポイントになっています。

一方、特別支援教育の中で語られるタブレット端末の姿は、「個」に特化したものが多いように思います。これはタブレット端末の活用に限らず、特別支援教育の取り組み自体が「個に応じる」ことを重視していることとも関わってきます。いかに「個に応じて」わかりやすくカスタマイズし、活用したのかという視点で語られています。

その反面、授業全体ではタブレット端末がどのように位置づけられ、子どもたちがどのように用いて、その結果としてどのような変容が見られたのかということはまだあまり語られていません。

しかし、特別支援教育の授業においても、「個と集団」は切り離して考えるものではなく、連続体として考えるべきだと私は考えています。個と個の関係性から集団が形成されていきますので、個を重視しながらも個と個の関係性、つながりを意識してこの後の話も進めたいと思います。

もちろん、「特別支援教育」と銘打っているシリーズの１冊ですので、「個」にフォーカスをあてることを重視しますが、「個と集団」は、これから特別支援教育やインクルーシブ教育というものが語られるときに、必ずやキーポイントの１つになる大切な視点ですので、本稿でもそのような視点からできるだけわかりやすく丁寧に語るよう努めたいと考えています。

第１章

個に応じたICT活用

第１節　ICTを個人別の課題学習に用いる

第１節のこのタイトルを研修会などで掲げると、多くの先生方は「学習に使えるアプリを教えてください！」とまず聞いてきます。タブレット端末を使い始めた初期の頃と経験年数の少ない先生方から出てくる一番多い質問かもしれません。

先にお伝えしますが、基本、95％、いや98％と言ってもいいかもしれませんが、私の指導・支援はアナログです。教材もアナログがメインです。では、なぜこのタイトルなのかと言いますと、タブレット端末の機能を知って効果的に使うといいのでは？　という提案だからです。

特別支援学校では、個人別の課題学習が多くの学校で行われています。名称は個別の学習とか個別の課題学習などさまざまですし、机上で行ういわゆる教科の算数的、国語的な学習から自立活動の内容が主の子どもまで、実にさまざまな学習内容を子ども一人ひとりの実態やねらいに応じて組み立てて実施しています。

特別支援教育のメインとも言える**「個に応じる」**を地で行く学習形態だと私はとらえています。その学習の中で、いくつか私が効果があると感じているICTの活用法についてご紹介します。

簡易アセスメントができる

アセスメントと言いますと、検査キットを使ったWISCなどフォーマルないくつかの検査を思い浮かべる方がほとんどですよね。もちろん、フォーマルなアセスメントは大切です。しかし、検査を実施するための諸準備だったり、一度かけた検査から次にできる検査までの期間が決まっていたり、一度に全部をかけるのが難しい子どもだったりと難しいことも多々あるかと思います。

　また、検査結果が必ずしも指導者の欲しい情報と合致していなかったり、検査者の経験値の違いによって情報の読み取り方に差異があったりもします。

　そのような中で、子どもたちの実態からタブレット端末を用いて、日常的な文脈の中から必要な情報を得ることはできないだろうか？　と発想しました。

　ここからはその実際です。

　まずは、タブレット端末を机上に置いたときの反応。

　これは実にさまざまな反応が見られますので、私が子どもたちの様子を集中して見る瞬間です。デジタルネイティブ世代と呼ばれている子どもたちですが、家庭で触ったことがなく、学校で初めてタブレット端末を目にし、触る体験をする子どもたちも一定数います。逆に、置いた瞬間にホームボタンを操作し始める子どももいます。

　私が主に使っている端末は、真ん中にホームボタンだけのシンプルな構造ですので、ほとんどの子どもたちはまずそのボタンを触り始めます。この反応もチェックします。机上で長方形のタブレット端末の枠を認識し、その中で、１箇所だけ違うホームボタンを見つけ、そこに目と手を協応させ、ホームボタンに指をかけることができるか、そしてそのかける指は左右どちらの手の何指か。それがわかれば、その子どもの利き手や利き指まであたりをつけることができます。

　普段からよく関わっている子どもたちであれば、これらを確認する必要はありませんが、初見の子のときはこれが大事な情報となります。これにより教材を提示するときの向きや指示する指のさし方などが変わってくる可能性があります。

また、利き手と逆の手が端末をどのように押さえているか、または押さえていないかなどもチェックポイントです（後の図３参照）。タブレット端末は一定の厚みがありますので、指をかけて押さえやすいんですね。それでも押さえていないのであれば、学習時にプリントや教材を押さえる習慣がついていないのかな？　と見ることができます。もしくは、画面に映るものに集中し過ぎて、没頭しているのかな？　という推測も出てきます。

「写真を撮ってみてください」と伝えたときには、まず他者からの指示に応じようとするか、実際に写真を撮るときはどのような姿勢か、座っていた？　立っていた？　両手で？　片手で？　画面を見ながら撮った？　対象を見ながら撮った？　カメラのフレームの中に対象物を納めることはできていたか、撮った写真を指示した他者に見せようとしたか等、標準のアプリ１つでいろいろな情報を得ることができます。

このような話ですと、**どんなアプリを使ったかよりもどんな視点で子どもを見ているかのほうが大切**になっていきます。ここまでの情報を統合するだけでも、子どもが机上で学習に向かうときにどのような特徴があって、どのような見方や考え方をするのかが少しずつ見えていきます。

さて、図１は色の弁別の理解を見るアプリ[＊1]です。それぞれの瓶が

＊1　色の弁別の理解に用いたアプリ「Candy Count」YuuZoo https://apps.apple.com/us/app/candy-count/id1076098682

青やオレンジ、ピンクになっていて、その色に対応したおはじきのようなものを色で区別してそれぞれの瓶に入れていきます。これで基本的な色の違いが理解できているかを見ることができます。アナログでも同じような形の教材を用いて、取り組んだりするかと思います。でも、例えば、おはじきを指で挟むのが難しい子どもですと、手指機能の課題で色の弁別が難しいのか、色の弁別の理解自体がまだ難しいのか、と両方チェックしなければなりません。そんなときはこんなアプリが役に立つかもしれません。

図1　色の弁別をするアプリ

次は形の弁別のチェックです。これはかなりいろいろなアプリがありました。一概にどのアプリがいい！　とは言い切れない数のアプリがありますので、ぜひご自身で「形」「形分け」などのキーワードでチェックしてみるとよいかと思います。

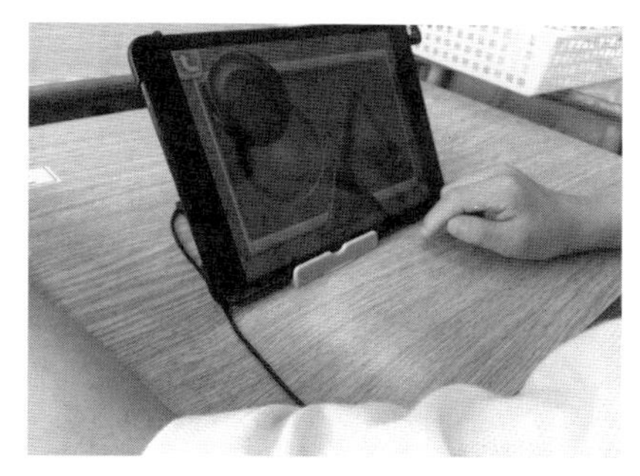

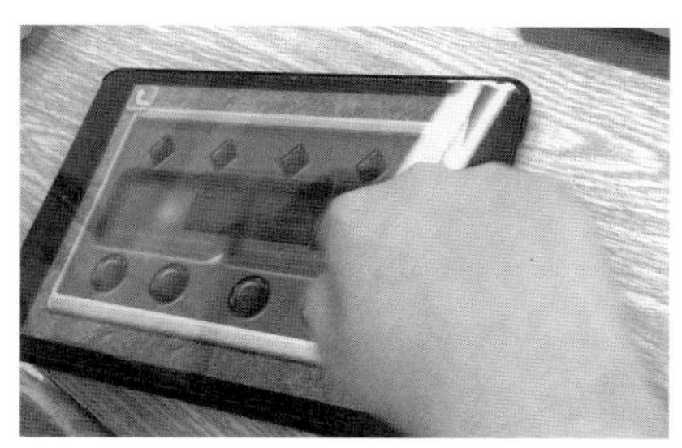

図2-1, 2　形の弁別をするアプリ

基本的な形の区別ができているかを見るには、図2 *2のように同色

図3-1, 2　数量の基礎を把握できるアプリ

で示されていて形だけを分けるほうがいいです。色の強さに意識が引っ張られてしまう子どもも一定数いますので。

あとは、タブレット端末の机上への置き方もチェックしておくとよいかもしれません。そのまま置くのか、立てかけて置くのか、置くだけでもいくつかの方法がありますし、子ども一人ひとりの見え方が違いますので、丁寧に様子を見ることが必要です。

さらに、文字や数量についての学習の様子を簡易に見ることが可能です。例えば、図3のようなアプリ[*3]を用いて数量関係の基礎的な学習の様子を把握することができます。

どのくらい数唱ができるのか、どこにつまずきがあるのか、数と量のマッチングはどのくらいできるのか等を見るのです。合わせて、副次的なチェックポイントとして、先述したようにタブレット端末のおさえ方

*2　形の弁別に用いたアプリ「YumYum かたちパズル」Keaton.com https://apps.apple.com/jp/app/yumyum/id464191931

*3　数量関係の実態を把握するために用いたアプリ「かぞえ10」KUNIKEN SYSTEM Co., Ltd https://apps.apple.com/jp/app/id509444141

や、例えば図3－1にあるような具体物を指先でポインティングできるのか、ポインティングしたものをスムーズに動かすことができるのか、それによって目と手の協応の状態を見ることができますし、図3－2のようなタイルをどのように移動させるのか、左から右へ移動させることはできるのか等を見ることによってどのような見え方をしているのか等も把握することができます。

ひと通りの内容が終わったら最後に、「あとは自由に持ち運んで使ってみて」と伝えます。そうすると、子どもたちは思い思いの場所で、思い思いの姿勢でタブレット端末を操作し始めます。きっと自分の一番気に入っている姿勢で使うでしょう。その様子を観察しておくことが、次の学習につながります。

見て学ぶ（真似る）

標準のカメラ機能を用いて、シンプルに動画の視聴だけで課題学習を行った例です。図4は紐結びの課題ですが、最初は教師が手を添えて一緒に手順を伝えていました。少しずつできてきましたので、一人で繰り返し取り組めるように動画での提示に移行していった例です。

動画内では紐を緑と赤に色分けして実際の課題と合わせて提示しています。これは完全に個の課題に応じた学習設定ですが、この場合も簡易のアセスメントで色の見分けができているか、写真からの

図4　紐結びの手本動画

情報の読み取り、動画からの情報の読み取りの状況などはどうか等をチェックしておきますと、学習の手立てとして用いることができるようになります。

そして、いくつかの学習で見て学べることが確認できると学習方法にも広がりが出てきます。

第2節　ICTを使ってコミュニケーション力を伸ばす

拡大・代替コミュニケーションって？

コミュニケーションというと、皆さんはどんなことをイメージされるでしょうか。他者と言葉を介してやりとりをするのが一般的なイメージでしょうか。これからご紹介するのは、そこからもう少しイメージを膨らませていただく取り組みです。

言葉だけのやりとりがまだ難しい子どもたちがいます。その子どもたちは、身振りや手振りを使ったり、ときには大人の手を引き、やってほしいことを伝えたりもします。また、写真カードや絵カードで自分の要求を伝えたり、デジタル機器を用いて音声を代替えしたりして表現したりする子どももいます。それらを含めて拡大・代替コミュニケーションと呼ばれています。

アナログからスタート

この拡大・代替コミュニケーションの１つに絵カードを用いて他者に自分の要求を伝えたりする方法があります。絵カードを組み合わせて構文にし、他者とのやりとりをします。本書はその方法を詳しく説明するものではないですので、興味を持たれた方は調べていただければと思います＊4。

基本的にこのやりとりは、アナログの絵カードを用いて始めます。他者を意識して、絵カードを渡すという行動によって自分の要求がかなうという経験が必要なのです。そのためには、他者に直接、絵カードを手渡すという行動が必要というわけです。この行動を繰り返すことで自分の要求を伝えるという行動が強化されます。

図５　アナログからスタートする

ですから、私が指導・支援する場合も必ず**アナログからスタート**します。その後、一定の基準まで達したらデジタルの活用を考え始めます。繰り返しますが、必ずアナログからスタートです。

アナログからデジタルへ

アナログでのやりとりが一定の基準を超えていきますと、デジタルでの活用が視野に入っていきます。急いですぐにデジタルも‼　と焦る必要はまったくありません。ただし、将来へ向けて、デジタルも使えたほうが確実によいということは頭の片隅に入れておく必要はあります。彼

＊4　絵カード交換式コミュニケーションシステム（PECS®）https://pecs-japan.com/

図6 「PECS Ⅳ＋」を用いている
（https: //apps. apple. com/jp/app/pecs-iv/id919593979）

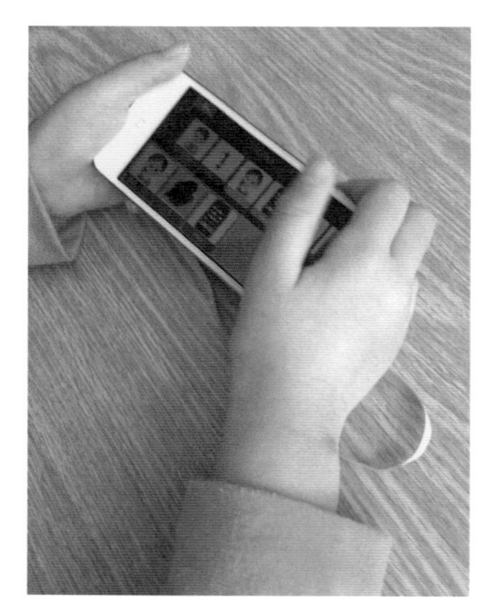

図7 デジタル機器で自分の思いを表現
（「たすくコミュニケーション」Info Lounge LLC https://apps.apple.com/jp/app/id511169640）

らが大人になる頃には、いまよりも確実に進化したデジタル機器が溢れています。そのときにそれらを用いて、自分の苦手な部分を補いながら他者とコミュニケートし、自分の意思が伝えられたほうが幸せだと思います。

私は、彼らが**将来に亘って自分でコミュニケーション方法を選べるように準備する**ことが大切だと考えています。アナログでもデジタルでも自分の得意な方法で他者に思いを伝えられればよいのです。

アナログでしっかりコミュニケートできるようになった子どもたちはデジタルでも同じようにコミュニケートできるようになります。カードをタップしたりすることで毎回音声による正確なフィードバックがある分、デジタルのほうが、コミュニケーションの力が向上する子もいます。ここは一人ひとりの取り組みの状況を見極めていく必要があります。

具体的には、いくつかのアプリを使うことになりますが、アプリも子どもたちのこれまでの取り組みと認知特性を考慮して選ばなければなりません。そして、アプリありきではなく、使用したときに子どものコミュニケーション力がアナログのツールを用いたときより落ちてしまっては本末転倒なのです。ここは十分に気をつける必要があります。

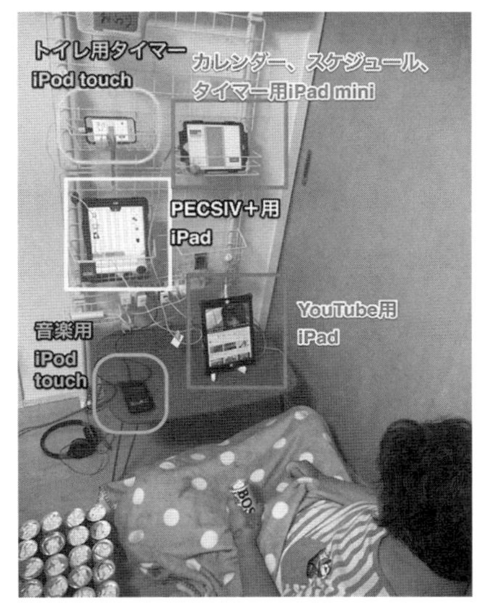

図８　デジタルツールを見事に使いこなしている

デジタルツールを用いてのコミュニケーションを考える際、日常的なツールとして非常に上手に使っているまーさん（中谷正恵さん）親子が参考になります。ぜひ、こちらの動画*5を参考にされることをオススメします。少しだけご紹介すると、まーさんの娘さんは、スケジュールやコミュニケーション、タイマーなどを複数のタブレット端末で使い分けながらそれは見事に使いこなしています（図８参照）。現在の様子に至るまでの経緯などもまーさんが発信されていますので、ぜひ見ていただければと思います。

*5　中谷正恵さんのyoutubeチャンネル
https://www.youtube.com/Channel/UCmwgfsB-bbRQPalatT4BQRw

図9 「たすくコミュニケーション」（前掲）の画面

将来へ向けて

いま、私の住んでいる街では、全国に先駆けて飲食店等でタブレット端末を用いてデジタルの絵カード等でコミュニケーションすることで自分の注文や支払いができるよう、飲食店と福祉関係者、そして当事者の方々がタッグを組んで試行錯誤されています[*6]。きっと近い将来、このようなシステムは全国各地に展開されるのではないでしょうか。

そうなると、私たちが現在取り組んでいる内容が、将来に亘って、より具体的に活かすことができる環境になるのです。自分の食べたいものを自分で頼み、自分で食べる。そして、自分で支払いをする。本当にごく日常の中にあることのようですが、コミュニケーションに課題のある子どもたちにとってはこれまで、とてもハードルが高かったのです。

それがタブレット端末等を用いることでできるようになる可能性があるのです。そのためには、日常的にタブレット端末を使ってコミュニケーションが取れるようになっておくことが必要です。

将来に亘って自分で食べたいものを自分で選び、注文して食べることができるという行為はとても尊いものです。そのためにいまから準備をしておくことはとても大切なことだと思います。

＊6　びっくりドンキーの取り組み https://www.aleph-inc.co.jp/news/2000/
絵カード交換式コミュニケーションシステム（PECS®）を活用したメニュー端末を一部店舗で実験的に導入している。

第３節　スケジュールを使う

皆さんも使いますよね

お仕事をされている皆さんに質問です。

「明後日の最初に行う仕事は何ですか？」

この瞬間、何人の方がご自分の手帳を開き、何人の方がスマホを手にしたでしょうか？　多くの方が、外付けの媒体に頼って自らのスケジュールを調整したり、管理したりしているかと思います。

通常の学級では、学級通信で時間割を伝えたり、教室に１日の時間割が貼ってあったり、先生が伝えたりして子どもたちにアナウンスしています。

しかし、聞くことに課題があったり、見ることに課題があったりする子どもたちにとっては、一斉の時間割だけでは上手くいかないことがあります。そして、多くの人たちのようにすぐにスケジュールを使えるようになるわけではなく、そこには指導・支援が必要な場合があるのです。

スケジュールには、人それぞれいろいろな形がありますが、一人ひとりがスケジュールがわかり、自分の行動や活動に見通しを持てることが良いことであることに疑問の余地はありません。

アナログもデジタルも

特別支援学校で用いられるスケジュールの指導は、ほぼアナログの絵

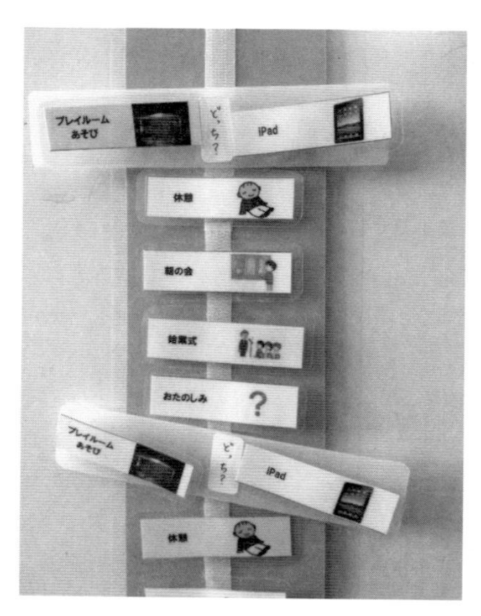

図10　アナログでのスケジュールの１例

カード（図10）を中心としたものかと思います。子どもたちの認知発達レベルに応じて、平仮名だったり片仮名だったり、絵カードと合わせたり、漢字仮名交じり文もあったりといろいろなパターンで発展的に扱われています。

しかし、皆さんがスマホで自分のスケジュールを管理しているように、今後は、子どもたちも自分のスケジュールをタブレット端末等で管理し、自分で主体的に行動できるようにしていくという選択肢があってもよいのでは、と私は考えています。

そのためには、コミュニケーションと同じように**いまから取り組めるものには取り組んでおく**ことが大切です。

図11で示したのは、スケジュール用のアプリ*7画面です。基本的には図10で示したようなアナログでの提示と同じ流れでスケジュールを確認することができるようになっています。これであれば、アナログで取り組んできた子どもにとってはスムーズに移行できますよね。

デジタルに移行するときには、コミュニケーションでもお伝えしましたが、現に有するスキルが落ちてしまってはいけません。少なくとも現

*7 「たすくスケジュール」Info Lounge LLC https://apps.apple.com/jp/app/id383317351

在の取り組みを維持することが求められます。プラスして移行することによるメリットがあることが大事です。

スケジュールをアプリに移行した子どもには、このスケジュールを用いて学習や活動の振り返りも行うようにしました。アナログのときは、活動の終わりを伝えるために絵カードを外していました。しかし、アプリになってからはフリックすることによってカードにチェックが入り、色が変わることで活動の終わりがわかるようになったのです。

図11　「たすくスケジュール」の画面

ですから、活動を終えたカードもチェックが入った状態でその場に残るのです。これを用いたことで、その日にどのような活動をしたのかが視覚化され、それをもとに活動の振り返りができるようになりました。

さらに、このアプリでは、写真やイラストだけではなく、動画もスケジュールに用いることができます。これにより、いままでよりさらに具体的に次の活動への見通しを持つことができるようになり、自ら次の活動へ移ることが増えていきました。

第４節　ICTで余暇活動を広げる

アナログでできないことを

余暇活動というと皆さんはどのようなイメージを持つでしょうか。

きっと皆さんは自分で見つける趣味のようなものをイメージされるのではないでしょうか。しかし、子どもたちの中には、自分で「楽しい」というイメージがなかなか持てずに余暇が広がっていかない子が一定数います。

タブレット端末が、余暇活動を広げることに一躍買うだろうという予感がありました。視覚的な感覚の刺激を処理することが比較的得意な子たちには絶大な効果があると考えました。そして、それは両刃の剣になるだろうという懸念を同時に持ちました。

図12　一見すると学習にも⁉

いわゆる「ハマる」危険性があるからです。これをクリアするなんらかの方略が必要になるだろうなと導入当時から考えていましたし、きっと日常におけるスケジュールやコミュニケーションの指導を高める必要があるだろうと考えながら取り組んでいきました。

ハマる危険を十分に考慮しなが

ら、余暇を広げていくというイメージがよいと思います。

きっと子どもたちが一番にハマるのは動画閲覧でしょう。時間を決めたり、閲覧できる数を制限したりしながら生活に効果的に入れていくのがよいと思います。

その他は、本当に個人の趣味趣向にそったアプリなりを地道に見つけていくことになるかと思います。図12は、地図アプリ*8で楽しむ様子です。一見、学習している様子と思われてもおかしくないですが、彼は余暇として楽しんでいます。もともとアナログで地図パズルを楽しんでいました。しかし、大きさや持ち運ぶことに難があり、アプリへと移行していきました。これであれば概ねどこででも楽しむことが可能になりました。

センソリーニーズ

センソリーニーズ*9とは、センソリー（sensory = 感覚）、ニーズ（needs = 要求）です。特別支援教育の世界では、耳にすることが増えてきた言葉の1つです。

感覚的に必要な要求を満たしたり、感覚的な調整をして再始動したりするという意味があります。

タブレット端末で子どもたちが求めるすべての感覚的な要求を満たすことは難しいかもしれませんが、一定の感覚を満たすことはできそうで

---

*8 「あそんでまなべる日本地図パズル」Digital Gene https://apps.apple.com/jp/app/id520743227
*9 センソリーニーズについて詳しく知りたい方は、岩永竜一郎『自閉症スペクトラムの子どもの感覚・運動の問題への対処法』東京書籍、2014年を参照のこと。

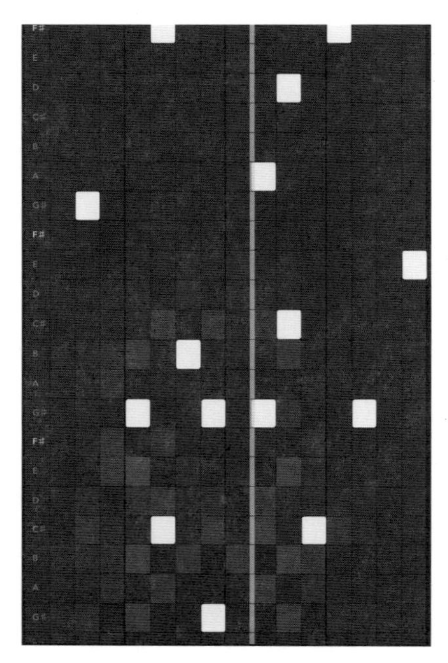

図13　音に合わせて模様が規則的に動く

す。特に視覚と聴覚の要求に対しては、いくつかのアプリで対応できそうですし、かつ、効果がありそうです。

例えば図13で示したアプリ[*10]は、自分で配列したパターンに合わせて音が鳴り、模様が規則的に動き、色が移り変わります。このようなものを用いることでリラックス状態になることが見られました。

ただ、あくまでも「効果がありそうです」とまでしかお伝えできないのは、感覚的な部分であり、個によってとらえ方が違いますので、数値化することが難しいからです。

しかし、目の前で子どもたちの様子を実際に見ていますと、興奮状態から落ち着いたり、学習場面とは違い、緊張状態ではなくリラックスした様子が見られたりしています。ポイントは、規則的であることやゆったりしていることかな、と個人的には分析しています。これも個人差が大きいですので、まずは試してみてくださいね。

---

*10 「Beatwave」collect3 現在（2019年７月時点）は、「Beatwave3」MWM が配信されている。https://apps.apple.com/jp/app/id1463548238

第２章

授業でのICT活用

第１節　主に教師が提示し、子どもが見てわかって動くことを目指した事例

１．音楽「合奏をしよう（キラキラ星）」（色楽譜をデジタルで表示）

特別支援学校の音楽では、楽器を用いて演奏する場合に、「色楽譜」がよく使われます。音階に色を当てて、楽譜を色で示したものが「色楽譜」です。

この色楽譜は、いろいろな楽器の演奏に応用できますので、特別支援学校では、かなりの頻度で使われています。いままでは、パソコンで作成した色楽譜を印刷し、ラミネートフィルムで保護したものを使うことが多かったかと思います。

しかし、これは通常の楽譜と同じ形ですので、演奏する子どもたちは、自分でいまどこを演奏しているのかを目で追って確認しなければなりません。１曲分の色楽譜をスムーズに認知できる子もいれば、どこを弾いているのかわからなくなってしまう子もいます。そんな子たちには、１小節分に区切って示したり、教師が指差しで演奏する箇所を示したりするのです。

教師が指差していく場合には、演奏している子どもの速度に応じながら示します。そのように繰り返し練習していく中で、少しずつ演奏できるようになっていくのです。

しかし、教師が指差しで示す練習では、教師がいないと練習ができないというデメリットがありました。そこで、教師がいなくても自分で練習できる方法はないかと考えました。

そして、行き着いたのが、タブレット端末による色楽譜*[1]の提示で

した。提示する色楽譜自体はこれまでのアナログの楽譜と変わりありません。どこが違うのか？　自動提示にすることで、あらかじめ設定したアニメーションの速度で、いま弾く音符が拡大されて提示されていくのです。

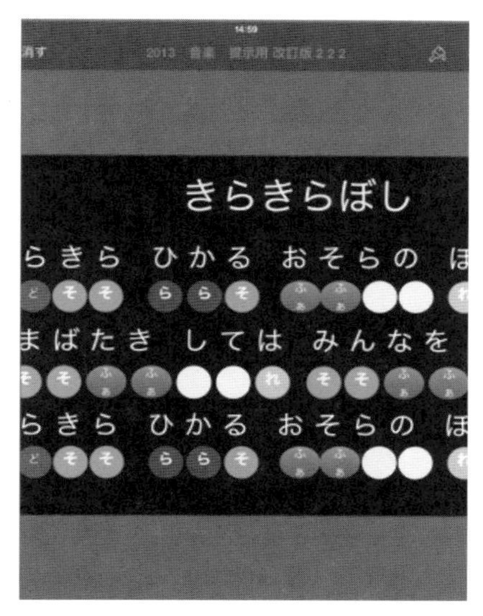

図1　タブレット端末で色楽譜を提示

これにより自分で、いま弾くべき音がわかり、その楽譜に合わせて一人で練習することが可能になりました。主には授業において教師が全体への提示をする際に用いますが、それに加えて、子ども一人ひとりが各自で練習することも可能になったのです。

私が担当していたグループでは、休み時間にもタブレット端末を使用することができましたので、休み時間にはこの色楽譜を子ども自身で操作しながら、友達と一緒に練習する姿が見られました。この当時は、家庭への般化にまで私の思いが至りませんでしたが、いまにして考えますと、色楽譜を持ち帰ることで家庭でも自主練習ができたのかなと思います。

ただし、これには前提条件がありました。子ども自身がタブレット端末の基本的な操作を身につけておくということです。また、その操作で

＊1　色楽譜の提示に用いたアプリ「Keynote」Apple https://apps.apple.com/jp/app/keynote/id361285480

困ったときに保護者や周りにいる人たちがヘルプできることが必要でした。こういったことがクリアされていないと、一人での練習ができなかったのです。当時はここまで思いが至らなかったことが悔やまれます。ここまでクリアできていれば、子どもたちの演奏はさらに充実したものになったのかもしれません。

2．体育（活動内容を視覚的に伝える）

前章でお話ししましたが、私の学級では、子どもたちにこれから行う学習活動を伝えるときには、「スケジュール」を用います。ただし、体育での活動を絵カードや文字で伝え、イメージしてもらうのはなかなか難しいものがあります。

例えば、「前転」を例にお話ししましょう。口頭説明ですと、

「前転します。」

さて、イメージできましたでしょうか。

次は絵カード１枚で「前転」を表したカードを提示して、「前転します。」と口頭で指示する場合。口頭指示だけよりは、イメージがつきやすくなりましたね。さらに、この絵カードの前転がコマ送りのように提示されると、もっとイメージができるかもしれません。いままでは、ここまでが限度だったかなと思います。

しかし、タブレット端末があることで、これまでの絵カードはもちろん、静止画や動画で直接的に活動を提示することが可能になったのです。「前転」の動画を視聴させながら、ポイントごとに一時停止をし、口頭で説明を加えるとかなりイメージしやすくなるようです。

メインの活動はもちろんですが、その前後の準備であったり、片付け

であったりも動画で示すと、子どもたちは活動を具体的にイメージすることができ、自分たちから行動できることが増えていきました。

図2　運動の様子を動画で振り返る

いまでは、体育に関するコンテンツも増えました。例えば、NHK for School 内の「はりきり体育ノ介」*2を使えば、前転の動画をポイント解説付きで視聴することができます。これらの既存のコンテンツを上手に使うことは、これからの先生にはより求められるでしょう。

また、自分たちの運動を動画に記録し、具体的に振り返ることも運動技能を向上させることに有効だと思います。

3．体育（ルールを視覚的に）

体育で行う運動の中でも、個人ではなく、グループで行うルール性のある運動は、そのルールを伝えるのがなかなか難しいものです。やっているうちに慣れながら覚えていくという考え方もあるかもしれません。

しかし、最初から正確に伝えたほうが伝わりやすい、逆に言うと、途中での修正がなかなか難しい子どもたちが一定数います。そういった子どもたちにどう伝えるのか。悩んでいる先生方も多いのではないでしょうか。

*2　NHK for School「はりきり体育ノ介」https://www.nhk.or.jp/taiiku/harikiri/

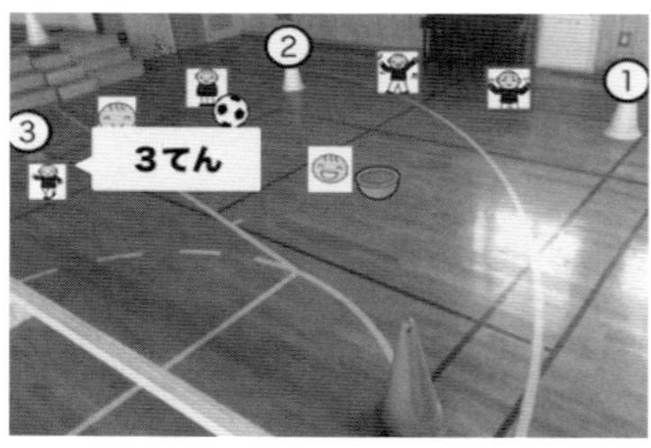

図3－1,2　運動のルールを視覚的に伝える工夫

図3の体育では、キックベースボールのルールをプレゼンテーションで伝えることを試みました。ゲーム中のいくつかの場面を抽出し、子どもたちが具体的な場面をイメージしやすいように、イラストと写真を組み合わせ、説明とともにアニメーションでボールや人が動くようにしました。さらに、その動きによって入る得点までを連動させながら説明できるようにしました。これにより子どもたちは、キックベースボールの動きやルールを視覚的に理解することができ、実際の運動場面でも互いにルールを確認したり、得点の入り方を確認したりして進める様子が見られました。

4．生活単元学習（調理：調理の手順を動画とともに）

特別支援学校での調理活動では、一斉指導で進めることが多いかと思います。いまではテレビにつないだプレゼンソフトを使って、調理等の手順を示しながら進めることも珍しくはなくなってきました。視覚的な支援の有効性からみても必要な支援だと思います。

ただ、その多くはイラストや具体物の写真です。調理ですから、使う素材と調理器具だけを示すのではなく、それらを用いてどのように調理するのかがポイントになります。

図4　調理方法を動画で伝える

図4ですと、粉のイラストから矢印でボウルに粉を入れるということを伝えていますが、さらに隣では動画でその実例を確認できるようにしています。

ここで重要になってくるのが動画による提示です。具体的な調理方法を動画によって伝え、確認できるようにするのです。そしてさらにタブレット端末を使うことで、それらが机上で提示可能となるのです。

テレビでの一斉視聴がなかなか難しい子どもでも手元のタブレット端末だと視聴でき、学習に対する理解が増すという様子を何回も見ています。タブレット端末にしたからといって、一概に視聴しやすくなったとは言い切れませんが、支援を要する子どもたちの中の一定数の子どもたちにとっては視聴しやすくなり、理解が高まるのだと考えています。

提示の仕方も子どもたちがより理解しやすい形になるよう工夫しています。図4のように、イラストからさらにイメージしやすいように動画と両方を提示する場合もあれば、動画と簡単な言語による説明だけの場合もあります。さらには動画だけで示す場合もあるのです。ここは各担任の先生たちが子どもたちの見え方や認知の仕方などを丁寧にアセスメントし、見極める力が求められるところだと思います。

5．生活単元学習（調理：調理を自分のタイミングで進める）

これは、図4で示した事例のちょっと発展した形になります。調理活動では、グループで一斉に調理を進めることが多いかと思います。そうすると、どうしても子ども同士で調理のスキルや手際のよさなどに差がありますので、自分のタイミングで調理を進められない子どもが出てしまいます。

「待つことも学習だよ」という考え方もあるかと思いますが、私はできるかぎり子どもたちが（危険のない範囲で）自分で判断し、主体的に学習を進められることが学習意欲にもつながると考えています。

この事例は実際には私が直接指導・支援をしていませんが、その考え方に見事に合致したのでぜひご紹介したいと思います。

図5の子どもは、自分なりのタイミングで学習を進めることで調理学習に対する意欲を持続することができ、簡単な調理を最後まで、一人で進めることができました。グループの友達と役割分担をして進めるような大掛かりな調理であれば、こうはいかないかもしれませんが、一人で完結できるような簡単な調理であれば、このような形（タブレット端末）で手順を伝え、一人でできることも大切なスキルだと思いますし、このほうが達成感を感じられるのではないだろうかと考えています。この場合は、大きなタブレット端末は必要ないと思いますので、iPod touchのような小さな端末の1つのアプリ*3でも、十分に機能を発揮できるだろうと思います。

図5　手順を自分で確認しながら進めている

6．生活単元学習（造形活動：製作過程を動画で確認しながら）

調理と同じように造形活動でも製作の手順等をタブレット端末やテレビを用いて示しています。これにより子どもたちは活動の具体的な見通しを持ち、自ら学習に向かうことが多くなります。

テレビ画面を通して、全体の活動への見通しを示した後は、それぞれの机上にタブレット端末で製作活動の手本を示した動画を視聴できるように工夫しました。

「必ず見なさい！」ではなく、「自分のイメージが持てるように何度も見ていいよ、迷ったときに一度見てみたら？」というように、学習のサポートができるような形で配置したものでした。

子どもたちは、作品の製作途中で困ったときに動画を何度か再生し、自分なりのチェックポイントで確認作業をしていました。そうすることで、自分なりに納得して作品を完成させようとする意欲につながっていたように思います。

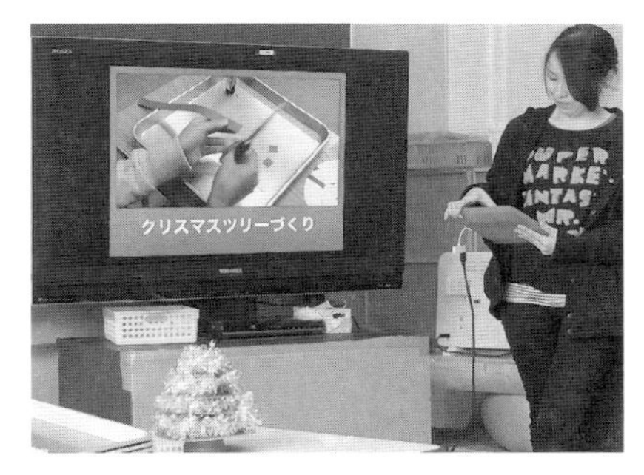

図6－1,2　製作過程を確認

＊3　手順を示すのに用いたアプリ「たすくステップ」Info Lounge LLC https://apps.apple.com/jp/app/id664368309

7．生活単元学習（造形活動：他者の作品づくりを参考に）

造形活動を進めていくと、製作過程や完成品をお互いに見せあい、さらに自分の作品づくりに生かすという場面が出てきます。

しかし、見るべき箇所を選ぶことに課題がある子どもにとって、目の前でパッと作品を見たときに、瞬時に見るべき箇所を見つけるのが難しいこともありますし、見るべき箇所を見つけてもそこを注視することが難しい場合もあります。

作品自体に注目することもそうですが、背景色等によっても見え方が全然違ってきます。まだ完成品であれば、止まっている状態ですので、何箇所かに注目して見ることができることもあります。しかしこれが、製作過程での他者の様子となると、さらにハードルが上がってしまいます。

そんなときは、タブレット端末で製作の手元の作業の様子や完成品を撮影し、テレビに映し出して全体へ提示するというのは効果があると思います。少人数の学習の場合は、テレビに映し出さずにそのままタブレット端末で見せるという方法も可能です。

図7　手元をTVでアップにして共有

テレビやタブレット端末で映すことの最大のメリットは、**「枠」が決まること**です。タブレット端末の「枠」、テレビの「枠」があることで、子どもは見るべき箇所が限定されます。これは見ることに課題がある子にとっては決定的な違いなのです。

さらに、撮影しているタブレット端末上では、子どもたちに見てほしい箇所にマーキングすることが可能です。画面上に赤い小さな丸が１つあるだけで、子どもは注目できるようになります。そうすることで他者の作品の注目すべき箇所に注目し、必要な情報を得ることができるのです。

製作過程の様子ですと、連続して動く場面などはなかなか注目させることがまだ難しいのが現状ですが、注目する箇所を示すことで、少しずつ注目できることが増えてきています。

８．日常生活の指導（朝や帰りの支度）

特別支援学校では、日常生活の指導の時間があります。衣服の着脱や給食の食べ方、清掃活動など日常生活の中での課題に応じて、指導・支援をします。

小学部２年生のＹくんは、登校後の朝の支度を自分で進められるようになることが課題でした。視覚的な情報の処理を得意とするＹくんでしたので、まずはアナログの絵カードの手順書を用いて、自分で確認をし、行動することができるよう繰り返し支援していきました。

かばんを所定の場所に置く、学習用具を取り出す、連絡ファイルを所定の場所に提出する、学校用着替えに着替える、朝の学習をするという一連の流れでしたが、日によって手順が違っていたり、２つをまとめてやってみたりといまいち手順書の確認と行動が結びついていない様子が見られていました。

「すべて一人で終えているのだからいいのでは？」という考え方もあるかもしれません。しかし、私としては、この手順書と朝の支度の１対

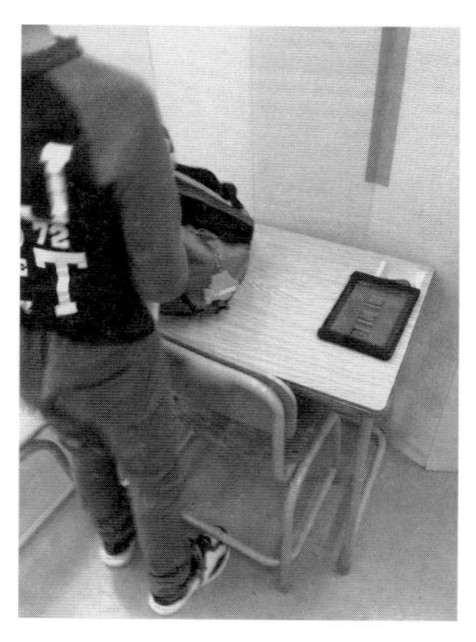

図８　朝の支度の手順を提示

１対応は、他の学習にもつながる大切なものだと考え、見直すことにしました。

そこで、手順書のアプリ（前掲「たすくステップ」）に対応する絵カードをセッティングし、使ってみることにしました。アナログの手順書とは違い、該当のカードをタップすると音声でも教えてくれます。

「きがえをする」のカードをタップすると「きがえをする」と音声でもアナウンスするのです。さらに、活動が終わると、カードにチェックを入れる機能も活用しました。視覚と聴覚に訴えることで、Ｙくんの朝の支度での手順間違いは格段に減りました。

また、カードをチェックするときのアプリのアクションがとても気に入ったようで、１対１対応で活動を終えると確実に自分でチェックを入れられるようになりました。このレベルで手順書アプリが使いこなせれば、他の学習場面や生活場面で活用できる幅がグンと広がると考えられます。

９．日常生活の指導（朝の会）

日常生活の指導には、毎日行う朝の会、帰りの会があります。特別支援学校では、各学級担任を中心として４～６人程度の少人数の児童生徒で行われます。普通校では、学級担任からその日の連絡事項や注意事項などが伝えられることが多いでしょうか。特別支援学校の朝の会や帰りの会も、もちろん連絡や注意事項を伝える機能はありますが、それに加えて、それぞれの認知特性や発達段階に応じたさまざまな学習の機会でもあります。

日付や曜日は、数や文字の学習ですし、天気の区別をしたり、給食メニューを読んだりすることも大切な学習です。そして、さらに私が大切だと考え、取り組んできたのが**「自らわかり、自ら動く」**ことです。

人も含めた物理的な環境を整えることで、子どもたちが環境を把握し、必要な情報を得て、行動するまでの一連の流れを獲得するには、毎日繰り返し同じ環境で取り組める朝の会や帰りの会は、最適な学習環境なのです。

その1つとして、必要な視覚的情報をタブレット端末で発信し、伝えています。子どもたちはその情報から自分の行動や役割を理解し、自ら行動しはじめるのです。毎日繰り返し提示する情報ですので、正確であることはもちろんですが、変更を伝えられるようにしておくことも大切なことです。

図9　わかって動くために

例えば、給食当番やゴミ捨て係で変更があった場合、顔写真を赤枠で囲って伝え、矢印で誰が誰に

図10　アナログカード等も組み合わせて行う

変わるのかを伝えます。この変更をよりわかりやすくするためにも毎日決まったフレームを用いたほうがよいと思いますし、授業者としても伝わり方が違うことを実感しています。

ただ、１つだけ気をつけることがあります。ここまで読まれると、「何やらタブレット端末で情報を伝えると、子どもたちが勝手に行動できるようになるのか！」と思ってしまう方もいらっしゃるかもしれません。

しかし、そんなことは決してありません。情報はタブレット端末で伝えていますが、実際に操作するのはタブレット端末だけではなく、日時のアナログカードや写真カードだったりしますし、子どもたちの行動を形成するためには、教師の言葉がけや身体的な支援も用いています。

それらを総合的に組み合わせて指導、支援した結果として、子どもたちの行動が形成されていき、自らわかり行動できることにつながっていくのです。ここを間違えると、「タブレット端末で情報を提示しました。あれ？　子どもが動いてくれないなぁ？　タブレット端末使えないじゃん」という負の連鎖が起こり、結果として子どもたちに有益な情報が届かなくなってしまうことになりかねません。この点はご注意を。

10. 日常生活の指導（歯磨き）

毎日継続して指導する歯磨き。

皆さんはどのように指導していますか？

鏡などを用いて、磨いていますか？　絵カード等で磨く手順を示して磨いていますか？

図11　一人で取り組むために

歯磨き指導に関しては、かなりのバリエーションがありそうです。その中の１つとして、アプリを用いた指導をご紹介します。歯磨き用のアプリと言っても、いまではかなり多種多様なものがありますので、少し注意が必要です。

数あるアプリの中で、私は楽しい音楽に合わせて磨く箇所が提示されるものを使いました[*4]。まずは、子どもに「楽しく」磨く習慣をつけたいと思ったからです。

最初は、教師と一緒に磨きはじめた子どもも、数回使用するうちに給食後には自分からタブレット端末を準備し、提示される画面に従って磨けるようになりました。

第２節　子ども自らが考え、活用しながら学ぶことを目指した事例

ここからはタブレット端末を主とした ICT 機器を子ども自らが学習に用いた事例をご紹介します。

子どもたちに使いこなせるの⁉　とか、壊れたら大変……という声を

＊4　歯磨き指導で使用したアプリ「ニャン！とはみがき」REPCO Inc.（2014.1リリースの ver.2.0まで確認。現在（2019年７月）は、日本の app store では取り扱われていない。）

保護者の方や周りの教師からいただくこともありますが、私はいま担当している子どもたちが大人になる頃には、いまよりももっと機能が向上しているタブレット端末やスマートフォンが身近にあると考えています。きっとこの先、彼らの日常生活からICT機器がなくなることはないと思います。ですから、これらを使わないよりは使えたほうがもちろんいいと思いますし、自分に合った使い方ができればもっといいはずだと考えています。そして、子どもたちが自分たち自身で使っているのを見ていると、学びがより主体的になっていることを感じるのです。

それでは少しずつ事例を見ていきましょう。ここでは、できるかぎり個のエピソードにも視線を向けることに努めます。

1．生活単元学習「学校探検をしよう」

この単元は、特別支援学校の多くの学年で入進学にともなって主に春に実施されている学習です。従来の学習は、教師が学校内の主な教室や先生を紹介する形になっていました。各学年で学習内容の程度は違いますが、教師主導の学習になりがちでした。私はこの学習を子どもたち自らが考え、動く学習に改善したいと考えました。

そこで、小グループを編成し、タブレット端末に入った1枚のヒント写真から自分たちで考え、自分たちで課題を解決する（目的の教室に自分たちで行く、目的の先生に自分から会いに行く）ことをねらいにし、学習単元を編成し直しました。

この学習は、小学部3年生4名（ダウン症や自閉症のある知的な遅れは軽～中程度の子ども）を対象とし、6時間扱いとして、単元内で学習内容が発展的に扱えるようにしました。最初の1時間は、教師と一緒に学校探検をし、その後の３時間は自分たちで学校探検を行う。最後にまとめをするという構成でした。

学校探検において教師は、子どもたちが自分たちで活動を進められるように、学習の様子を見ながら少しずつ距離をおいて見守ることを意識し、最後には子どもたちが活動した後に、活動場所の確認をしに行くだけとしました。

タブレット端末は、学習のはじめは４人で１台を共有し、学習が進むにつれて１人１台としました。これは、タブレット端末の基礎的な使い方を共有したかったのと、学習中の管理にまだ多少の不安があったこと、そして、端末の使い方がわかれば、課題に応じて１人１台に切り替えていったほうが有効に使えると考えていたからです。

学習中に使う端末の機能としては、主に写真フォルダとカメラだけです。これは余談になりますが、タブレット端末を使いはじめたばかりのときは、できるだけ使う機能を限定するほうが学習に効果的に活かせると私は考えています。

１枚の写真

学習の導入で教師はタブレット端末におさめた１枚の写真を提示します。その写真から子どもたちは推測をはじめます。

「ボールの写真だから体育館が答えかな？」といきなり答えに辿り着くこともあれば、「あれ？　こんな道具は学校にあったっけ？」「音楽室かな？　視聴覚室かな？」と試行錯誤を繰り返すこともあります。

例えば、１枚の写真として「体温計」を提示します。体温計→保健室とすぐに直結して答えを導き出す子もいれば、「なんとか先生が体温計

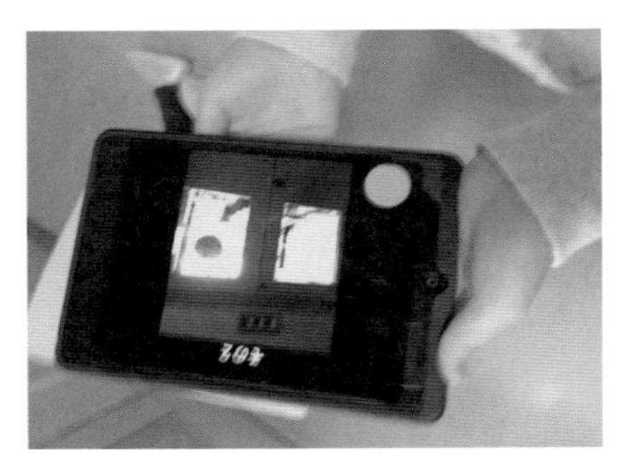

図12　１枚のヒント写真

持っているの見た！」と発言し、その発言をもとに他の子どもたちの思考が予想もしていなかったところに向かうこともあります。

指導する教師がここでいかに我慢できるか、がこの後の展開を大きく左右します。単元のはじめの頃は、できるだけ答えに直結するヒント写真を提示し、子どもたちが活動全体を捉えやすいように配慮する必要がありますが、学習が進むにつれていくつかの推測が生まれるようなヒント写真に移行していきます。

そうすることで、子どもたちはより自分たちで課題を解決する方向に向かっていきます。そのような展開に持っていくためにも教師は我慢する必要があります。「体温計を持っている先生」について、教師が説明をはじめた途端に子どもたちの学習に対する意欲は半減するかもしれません。

自分たちで進める

学習の進め方がわかってくると、次第に子どもたちは「先生、ついてこないでいいよ」と自分たちで活動を進めたい欲求が出てきます。教師はあれやこれやと言いたい衝動をグッとこらえ、「じゃあ、自分たちでやってごらん」と少し距離を置くことをオススメします。

ただ、このときに、タブレット端末には、ヒントとなる写真を増やしておくことがコツです。自分たちで課題解決ができるようにちょっとだ

図13　タブレット端末を片手に子どもたちだけで進める

け間接的に手助けするのです。「体温計＋絆創膏」みたいな感じで。

そうすると、試行錯誤している子どもたちがタブレット端末を操作したはずみで次のヒントが見つかり、答えに辿り着いたりするのです。

１枚の写真をヒントに一度自分たちで課題を解決した子どもたちは、自信に満ちた表情で「次は何⁉」と聞いてきます。ここまで来ると当初のねらいは概ね達成しています。

この頃になると、自分たちの活動の様子を写真や動画で撮ってくる、目的の先生と一緒に写真を撮ってくるといったように、タブレット端末を用いた課題を増やします。使い方については、いくつかレクチャーをする場合もありますが、子どもたち自身が撮ってきた写真や動画を見ながら、お互いに気づいた点を伝え合うことで、次回には使い方が改善されていることもあります。

まとめてみたい

校内を探検し、自分たちの活動の写真や動画を撮ってきたら、もちろん毎回視聴します。視聴していく中で、子どもたち自身から「自分たちの学習を誰かに伝えたい‼」という新たな意欲が湧いてきます。

もちろん学習を計画する教師側は、まとめまでを含めて学習を計画しておく必要があります。気をつけたいのは、まとめありきの学習計画を立て、まとめるために必要なパーツを集めることに躍起になってしまうことです。

そうなると、どうしても教師主導で学習を進める場面が増え、それに伴い子どもたちの学習意欲が低下することがあります。ここでは、子どもたち自身で「まとめてみたい」「伝えたい」という思いが湧き上がってくるよう我慢しました。

その思いが出てきたときに、まとめる方法については、アドバイスしました。まとめる際には、自分たちで撮ってきた写真がすでにありますから、その写真を使って、模造紙に描いた校内図にまとめていくことになりました。そのときにも、各自が同じ場所や人を撮ってきていましたので、どの写真を使うとよいかという話し合いになりました。

「教室のものがよく写っているからこっち」とか「先生の顔がかっこいいほうを使おう」と、子どもたちなりの基準を設けて選んでいるようでした。

もう少しタブレット端末を使いこなしてきている子どもたちであれば、デジタルでまとめるのも有効かもしれません。実際の活動の様子を動画で撮っていますので、それらの動画も織り交ぜながら伝えられるようになると、さらに伝わりやすくなりそうです。このときはまだそこまでタブレット端末を使いこなせていませんでし

図14　自分たちでまとめをしている

たので、紙面上でまとめることにとどまりました。

まとめた内容は、学年の他の子どもたちや先生たちに伝える場を設け、発表しました。子どもたちは自分たちで撮ってきた活動の様子や教室、先生の写真を自慢気に伝えていました。

学習を振り返って

この単元は、新入生にとっては学校内を知るためにとても大切で、教師主導で進めることも大事だと思います。しかし、持ち上がりの学年や高学年で学校内のことがおおよそわかってきている子どもたちにとっては（教師を含めて）、マンネリになりがちな学習とも言えます。その学習を子ども主体の学習にし、子どもたちが新たな気持ちで１年のスタートを切ってほしいとの願いから構想しました。

また、１年のスタートでタブレット端末に触ることで、子どもたちに「お！　こんなのも学習に使うの？」と新たな期待感を持ってもらうことも副次的にねらいました。

学習では、教師の予想を超えて、タブレット端末を柔軟に使いこなす子どもたちの様子が随所に見られましたし、自分たちなりに使えている実感もあったように思います。

まだまだ学習の規律が整っていない時期にタブレット端末を使うなんて……と二の足を踏む方もいらっしゃるかと思いますが、逆にこの時期に使うからこそ、子どもたちは「自分たちを信頼してくれているのかな？」と感じてくれることもあるかと思います。持ち上がりの学級や学年であれば、なおさらそう感じる子がいるかもしれません。

２．個別の課題学習「日記を書こう」
生活単元学習「行事の思い出を書こう」

個別の課題学習とは、小学部段階において個々の課題に応じていくつかの学習を組み合わせて行っているものです。算数的要素の数や形を学んだり、国語的要素の書字や読字の入ったいわゆる認知的な学習から、身体の課題に応じて、ストレッチや簡単な運動を行ったりします。また、子どもの課題によっては、ペアや小グループで学習することもあります。

生活単元学習「行事の思い出を書こう」は、小学部の主な行事後に行っている学習です。遠足や運動会、学習発表会から校外学習後にも学習の振り返りとして書いています。

時系列に活動を振り返り、文章構成をして書くことをねらいとしている子から、なぞり書きや視写で簡単な単語を書く子までいます。個々の課題や発達段階に応じて「書く」ことを通じ、学習を振り返る活動としています。

指示を待つことが多かったＲさん

おおらかな性格で普段からおっとりとしているＲさん。これは彼女が小学部２年生から数年間かけて取り組み、「日記」を自分で書くまでに成長したエピソードです。なお、私は直接担当していませんでしたので、学級担任や学年の教師とともに取り組んだ事例です。

当時の彼女は、自分の行動にいまいち自信が持てないこともあってか、教師からの指示を待つことが多かったように記憶しています。そのかわり、教師の指示はしっかり聞き入れ、自分の行動につなげることができていました。しかし、発達に凸凹があるため、その行動が必ずしも上手くいくことばかりではなく、ときには失敗もしました。

きっと本人も「先生の話をしっかり聞いて取り組んでいるのに、何かうまくいかないな」と感じ、自分の行動に自信が持てていなかったのではないかと私は推測していました。

そんなRさんは、学習にはとにかく真面目に取り組みます。どんな学習場面でも教師からの指示をしっかり聞き、教師が示した手本をしっかり見て、学習に取り組んでいました。

当時、Rさんは平仮名や片仮名を覚えはじめ、一生懸命黙々と繰り返し書いていたのが印象的でした。

事柄がつながらない

そんな中、覚えはじめた平仮名や片仮名を使って日記を書く学習を個別の課題学習ではじめたRさん。書く学習としては、簡単な絵本を視写したり、教師が伝えた簡単な単語を聞き取って書いたりという学習を日記と同時進行で進めていました。

その様子を見ていると、目の前で示されたり、聞いたりしたことはスムーズに書いていきます。その精度は日増しに上がっているようでした。その反面、「日記」として、昨日の出来事や学習を振り返るときは、出来事の時系列が逆さだったり、抜けていたりして、どうにも事柄と事柄がつながらない様子で、スムーズに書いているとはまだまだ言えない状況でした。

日記を書いているRさん自身もどこか自信なさげで、教師の口頭でのヒントを頼りに書いていました。担任とRさんがやりとりをして、昨日の出来事を少しずつ具体化し、担任が文章としてつなぎ、Rさんはそれを聴写や視写で日記として書き残していました。担任や学年の教師たちとその状況を共有し、Ｒさんが自ら日記を書き進められるような手立てを考えていくことになりました。

事柄をつなげる

まず取り組んだのは、時系列に事柄をつなげることでした。５Ｗ１Ｈの形で、出来事を整理していくことからはじめました。はじめは、いままでどおり教師がＲさんとやりとりをして、ワークシートに書き込んでいく形で進めました。少しずつワークシートに慣れてきた頃を見計らって、図15にあるような小型の端末に「○月△日？」とか「どこで？」という質問を入力*5しておき、Ｒさん自身のタイミングでタップし、確認しながら進める形に移行しました。

これは、教師主導で行っていたものを少しずつＲさんが自分一人で整理できるように試行したものでした。最初の段階では、実際にワークシートに書き込む単語等を提示し、学習の形を作りました。そこから提示する内容を少しずつ変化させていったのです。これは、指示はしっかりと受け入れ、真面目に取り組むＲさんの特性に応じ、なおかつ自分自身で学習を進められるよう考えた手立てでした。

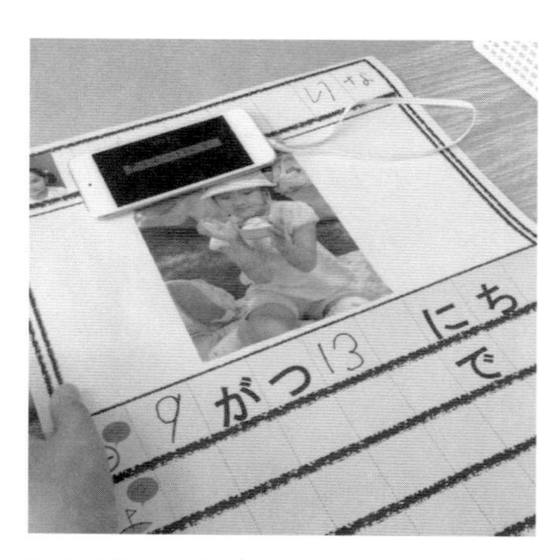

図15　事柄をつなげるために

＊5　提示に使用したアプリ「keynote」（前掲）

これまでと違うのは、ただ教師からの指示を待つのではなく、自分のタイミングで次へと進められることでした。この学習に繰り返し取り組む中で、Ｒさんは少しずつ事柄を整理し、自然と時系列につなげられるようになっていきました。

また、「行事の思い出を書こう」では、同じ形で学習を進めたこともあり、日常の個別の課題学習の成果が少しずつ見られ、Ｒさんは行事の思い出を小型の端末に提示された以外の事柄にも少し触れて書くことができるようになっていきました。

選んで書くことで自信に

成果が少しずつ出てきたこの取り組みは、Ｒさんが小学部３年、４年生になっても続けました。担当する教師が変わっても、データと支援方法が引き継がれ、一貫した方法で取り組めたことで効果が上がったのではないだろうかと私は捉えています。

この頃になると、Ｒさん自身で書き進められる分量が増え、それに伴い提示するデータ量も増えてきたこともあって、端末はiPadへ移行していきました。

そして、提示する内容も変化していきました。５Ｗ１Ｈで事柄をつなげて整理していく基本は変わりませんでしたが、質問形式のものから自分で考えながら進められるものへと進化していきました。さらに、それは文字から写真や映

図16　自ら書き進める

図17　写真や動画を自分で確認

像へと発展し、そこから自分で考えて導き出していくものになったのです。

Ｒさんは、写真を映像で見て、そこから自分の言葉で状況を表すまでに成長を遂げました。ただ、自分の気持ちを表現することにはまだまだ課題がありましたので、その部分は特に注意して、選択できる形を取りました。

最初はわかりやすい二択からはじめ、少しずつ選択肢を増やしていきました。「嬉しい？」「楽しい？」「悲しい？」「つまらなかった？」「もっとやりたい？」と、できるかぎりＲさんの体験した状況に即した簡素な表現で表出できるところからはじめ、選択して書くことで「自分にも書ける！」と徐々に自信を深めている様子が伺えました。

自分の書くペースで書き進められたり、ときには一度戻ったりできるようにタブレット端末には、デジタルBOOK形式[*6]でデータを入れました。

いまは

いま（2019年）は、もう中学部のＲさん。毎日の出来事を日記に綴っています。写真や動画を見ることは最小限に、自分の記憶をつなぎながら文に起こすことができるようになってきています。小学部からの積み

＊6　book形式で提示に用いたアプリ「Apple Books」Apple https://apps.apple.com/jp/app/apple-books/id364709193

重ねが実り、ステキな文章を紡いでいます。

3．生活単元学習「自己紹介の達人プロジェクト」

うまく伝わらない

特別支援学校では、いや、普通校でも、新学期のスタートに、自己紹介をしたり、他己紹介をしたりして、お互いのことをよく知るための学習が組まれていることかと思います。

本校でも小学部の特に高学年で、新しくできた友達や新しく来た先生に自分のことを紹介する学習が組まれています。言わば、第2節1．でお伝えした「学校探検をしよう」の発展バージョンで、単元は6時間での扱いです。

しかし、その多くは、自己紹介カードを作り、相手に渡すことで完結するというものでした。実際の自己紹介カードは、子どもがなぞり書きで書いた名前だったり、写真カードだったりというものがほとんどです。まずは、相手を意識した自分から発信する！　ことが学習のねらいとされていたかと記憶しています。

私が担当していた6年生のあるグループでは、新しい先生に自己紹介をする前に、友達同士で自己紹介の練習をしました。しかし、書くことに苦手さがあったり、発声することに苦手さがあったりする子どもが多かったため、なかなかお互いの紹介したい内容が伝わりません。決して学習に対して不真面目に向き合っているのではありません。端から見ても本当に一生懸命取り組んでいるのです。でも、なかなか伝わりません。これでは伝えたい思いはあるのに、新しい先生に自分のことを伝えることができません。さて、どうしましょう。

伝えるために

そこで、タブレット端末で自分たちの自己紹介の様子を動画で記録して見てみることにしました。そして、なぜ自分たちの伝えたいことがうまく伝わらないのかを動画で振り返りながら考える機会を設けました。そこでは、

「自分たちの書いた文字が読みづらいのかな？」

「はっきり発音しないからわかってもらえないのかな？」

「もっと面白く伝える方法はないのかな？」

などの具体的な意見が出されました。そこで具体的な改善策として私のほうから子どもたちにiPadでデジタル名刺を作ってみては？　と提案させてもらい、もう一度取り組んでみることになったのです。

「写真も撮って見せるってのはどう⁉」

「文字入力は誰がやるの⁉」

「得意な友達に作ってもらってもいいんじゃないの？」

と子ども同士から具体的なプランがいくつも出てきました。写真はお互いに端末を用いて撮り合い、文字入力は得意なSさんがすることに決まりました。自己紹介に使う項目はみんなで話し合い決めました。

図18　協力して名刺づくり

伝わる喜び

自分たちで話し合い改善したプランで、新しく来た先生たちへ自己紹介に行きました。その様子も自分たちでタブレット端末を用い

て動画で記録し、教室に戻ってから自分たちの様子を動画で振り返りました。

「あ！　先生、うんうんって言ってる」

「練習どおりできたよ」

など自分たちの活動に対する具体的な振り返りができていました。いままでは、計画していたことに取り組んで満足、というような様子がなかったわけではありません。しかし、今回は、自分たちの映像を振り返ることで自分たちのリアルな様子を知る機会があったわけです。

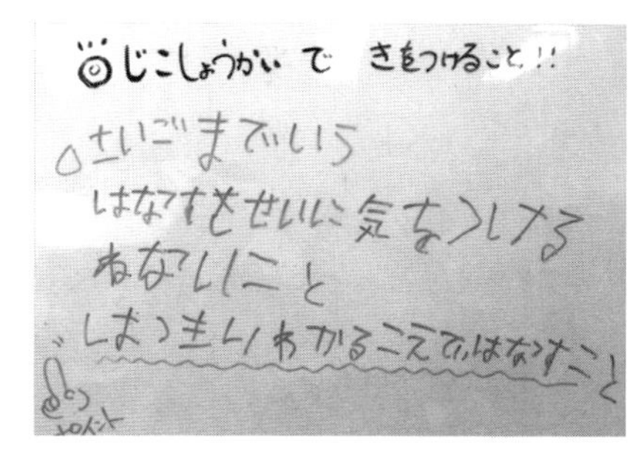

図19　自分たちで注意点をチェック

その中で、子どもたちはいままでよりも具体的に改善点がわかったのです。こういったことは、ICT 機器を用いた利点だと認識しています。また、単元の中で、１回きりの学習で終わるのではなく、「友達への自己紹介」「先生への自己紹介」と、取り組みの内容を自分たちで改善しながら、「自分を紹介すること」に繰り返し取り組めるように単元を構成したこともよかったのだと思っています。

４．生活単元学習「電子工作キットで回路を作ろう」“違いのわかる男子”

日常的な学習になかなか意欲が持てない、でも細かな違いまで気づくことができる“違いのわかる男子”Ｔくん。そんな彼と私が出会ったのは、彼が小学部２年のときでした。出会う前の彼は、学習に対しての意義が見出せず、学校を休みがちだったと聞いていました。そこでまずは、彼の得意分野であるスポーツを介して関係性を生み出せないかと考えました。

Ｔくんは、野球が大好きだったので、私とＴくんの二人で休み時間にプレイルームで試合をしました。……と言っても、最初から試合ができたわけではありません。野球の基本、キャッチボールからはじめようと試みました。頭の中では彼は、さながらプロ野球のピッチャーのイメージを抱いていたようでしたが、身体のぎこちなさがあり、自分の思うように投げられないことが多かったのです。

いわゆる「力む」ため、狙ったところに投げられません。そこでリラックスする方法に二人で取り組んだり、近くでゆっくりトスするところからはじめたりして、少しずつキャッチボールができるようになりました。

そして、バッティングも素振りからはじめ、少しずつステップアップしていきました。そんな過程を二人で地道に過ごしながら辿り着いた試合でした。

最初は、得点だけのスコアをつけ、休み時間ごとに続けました。回の途中で休み時間が終わってしまうこともありますが、そこは“違いのわかる男子”です。前回終わったシチュエーションをしっかり記憶し、再現してくれます。

「５回裏、先生の攻撃、１アウトランナー１塁、次は５番バッターです」

まるで精密機械のようです。

そんな連続で、二人の関係性は日増しに近づいていきましたが、日常的な集団での学習では、自分の興味関心が持てない内容ですと学習意欲が持てずに、まるでシャッターを下ろしたかのような状態でした。

でも、休みがちだった学校には、ほとんど休まず来るようにはなっていました。

ピカッ！　キラッ！　で意欲向上

さて、学校に来る楽しみを見出したTくんですが、学習は淡々とこなします（毎日登校できるようになったこの頃のTくんにとって、楽しみな野球をやるためには、学習をしっかりやることが私との条件でした）。

そして、この頃の私は、野球を楽しみにはしつつも、Tくんが学習自体にのめり込むような姿がみたいと思うようになっていました。それが彼本来の姿をより引き出すであろうし、私以外の人とも関係性を作りながら学習していくことがこの先の彼にとって重要だと考えていたからです。

彼のよさや“違いのわかる”特性を生かしながら、なおかつ彼の意欲を高める学習とはなんだろう⁉　と考える日々が続きました。そして、辿り着いた1つが電子工作キット（little Bits[*7]）だったのです。

世の中では、少しずつ教育にもプログラミングを、との声が出はじめていた頃だったと記憶しています。しかし、その多くはパソコンを用いたキーボード入力を求められるものが主流でした。キーボード入力にはまだ自信がなかったTくんにとっては、ハードルが少し高いなというのが実感でした。

そこで、自らの手で操作し、組み立ての順序や種類を考えながら取り組める電子工作キットは、Tくんの特性にマッチし、なおかつ彼の好奇心を高め、学習意欲を高められると考えたのです。

---

*7　電子工作キット「littleBits」https://www.littlebits-jp.com/

さらに、このキットは、規則性に従って組み立てるとモジュールがピカッと光ったり、組み立て方によってはキラキラと光ったり、電子音が鳴ったりと、彼の意欲をさらに高める仕掛けになっていたのです。

【補足】

「littleBits」とは、「電子回路を楽しく学べるマグネット式の電子工作キット」です。この学習で用いたのは、DELUXE KIT セットで、18種類の機能別に色分けされたモジュールからなるセットです。各モジュールは磁石で簡単に接続することができます。機能別とは、青はPOWER、ピンクはINPUT、オレンジはWIRE、黄緑はOUTPUTとなります。色で機能の違いを意識しながら、磁石で簡単につなげていくとOUTPUTでモジュールが光ったり、音が鳴ったりするという簡単に電子回路を理解することができるキットとなっています。

学習の構想

違いのわかるTくんですが、私以外の他者と関係性を築くには、時間がかかるであろうことが予想されました。彼が関係性を築くには他者といきなり二項関係を築くのではなく、物（この場合はlittleBits）を間に挟んだ三項関係を築くのがよいだろうと判断しました。しかもその物は、彼がある程度自信を持って操作できたり説明できたりすることが前提条件になると考えました。そこで、朝の個別学習の時間に基礎的な操作を身につけるための学習を計画しました。

しかし、ただ「やってみて」では、Tくんの学習意欲を喚起することは難しいと思い、指令書という形式で、謎解きのような課題設定をすることにしました。指令書の中には、「違いのわかる」Tくんを意識して謎を解くための小さな違いを盛り込みました。

概ね4段階で学習を計画し、基本的な操作が身につく段階で小グループの学習へ移行する計画としました。小グループの学習は、Ｔくんを含めたＭさん、Ｒさん、Ａさんの４名としました。

この４人は、他の学習でもグループになることが多く、Ｔくんが自分のよさを発揮しながら私以外の他者と関係性を築くのに適したメンバーだと考えました。この小グループでの学習の主なねらいは、「身近な課題に対して他者と話し合いながら解決をする」こととしました。

具体的には、グループへの指令書を提示→個人での試行→個人での課題解決→ペアでの試行（ＴくんとＭさん、ＲさんとＡさんペア）→ペアで課題解決へ向けて話し合い→ペアでの課題解決→グループでの課題解決（解決方法の共有）→次時の指令書提示といった流れとしました。この流れを維持しながら指令書の内容を変えつつ、計４回の学習を組みました。

使用する教材は、先に紹介したlittleBits、指令書を提示するデジタルＴＶ、iPadです。

つなげる楽しみ

さっそくＴくんの朝の個別学習の１つとして学習をはじめました。私がＴくんの机に電子工作キットを登場させたときのＴくんの目の輝きは数年経ったいまも鮮明に覚えています。

そのぐらい一瞬で彼の表情が明るくなったのです。なにやらわくわくするものが出てきたぞ？　一体何が起こるんだ？　という様子のＴくん。

教室の蛍光灯はスイッチを押せば点くけれど、スイッチの先はどんな仕組みになっているかわかりません。逆に電気だけあっても何かが起こるわけではありません。自動車は永遠に走り続けられるわけではありません。簡単な仕組みだけれど、電源があって、つなぐコードがあって、

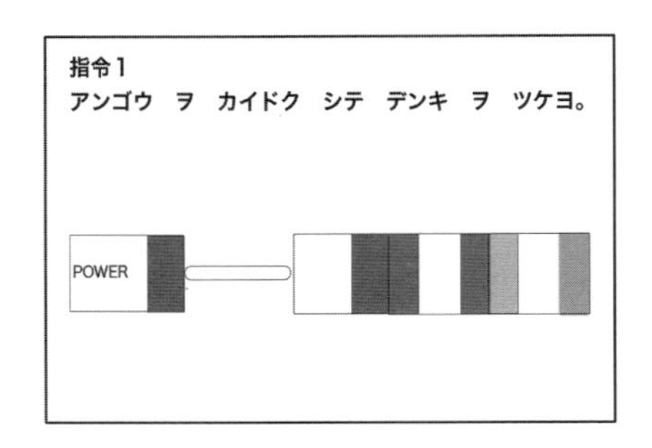

図20　提示した指令書例

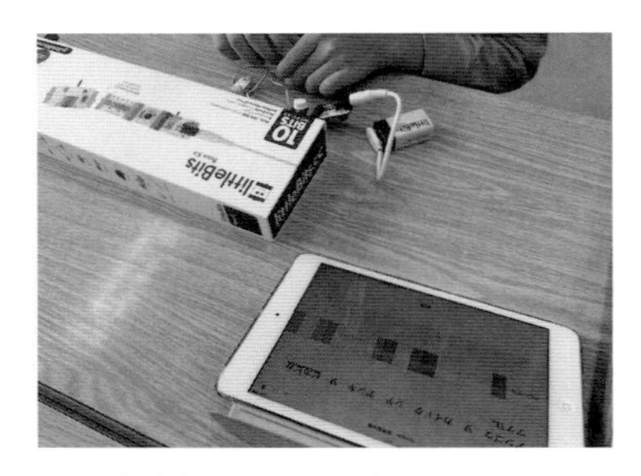

図21　指令書をもとに組み立てるＴくん

そしてスイッチがあって、ライトにつながり電気が点くんだよ、という仕組みを知ることで物事の関係性を学んでほしいと考えましたし、Ｔくんの特性や興味関心をくすぐる学習になると考えていました。

朝の個別学習では、iPad で簡単な指示を視覚的に提示し、指示に応じて基本的な組み立てをすることからスタートしました。段階的にいくつかのパターンを学ぶことは、すぐにクリアしてしまいました。もう少し時間がかかるかな？　と予想していましたが、毎朝「今日は何？」と私に問うてくるぐらい彼の楽しみな学習となっていたようです。

朝の個別学習の時間では、すぐに次の段階にステップをあげました。基本的な組み立てから自分で考えて組み立てる段階です。彼の好奇心をちょっとだけくすぐれるように「暗号」を解読するクイズ形式にしました。

最初は「答え教えてよー」「ヒントは？　ヒントは？」と、なかなか自分で考え出そうとしなかった様子が見られましたが、徐々に“違いのわかる男子”Ｔくんは前回の暗号との違いを考え、暗号の中にヒントになる部分を探し出し、ついには自分で黙々と取り組みはじめたのです。
これこそ私が目指していたＴくんの学習の姿でした。そして、自力で暗号を解読し、解決したＴくんは実に晴々とした表情をしていました。

教えてあげるよ！

そして、いよいよ小グループの学習へ。個別学習のときと同じように私から指令書が出ます。指令書は個別学習のときと同じ暗号形式です。
まずは指令書から一人で考え、一人で解決を図るため試行します。でもすぐには解決できません。その後、ペアの友達と協力して試行しながら解決方法を探ります。Ｔくんが個別学習で取り組んでいた内容より、ちょっとだけ難しい暗号。でも、Ｔくんには個別学習で取り組んでいたアドバンテージがあります。
これまで、自分からはあまり積極的に友達に関わることが少なかったＴくんですが、この場面では積極的に自分からペアのＭさんに声をかけます。私はじっと見守ります。
「ぼくが教えてあげるよ！」
そのＴくんの目には自信がみなぎっていました。解決方法を見出したＴくんペアは、まだ解決に至っていないもう一方のペア（ＲさんとＡさん）に対して、今風に言うと「ドヤ顔」です。自分たちが辿り着いた答えを身振り手振りを交えてわかりやすくゆっくりと伝えています。
「つなぐ順番が大事なんだよね」「黄緑を何にするかがヒントだよ」と。
その後、ペア同士で解決方法を共有し、最終的な答えを導き出し、私の指令に応えます。グループでの交流になってもＴくんは積極的です。

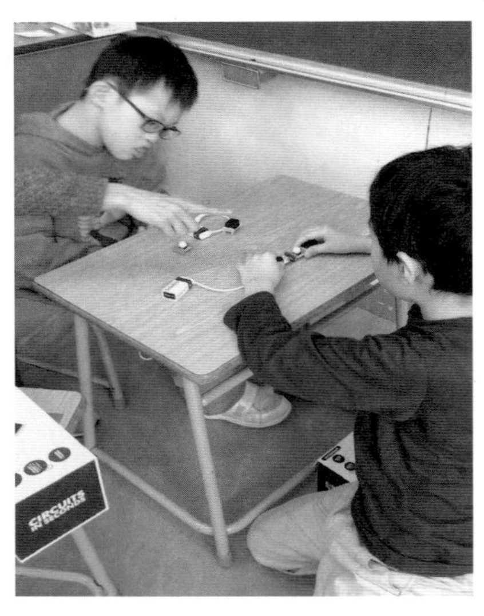
図22　友達に伝える

淡々と学習を進めていたＴくんの姿ではありません。４人のリーダー的な存在としてぐいぐい引っ張っていきます。そして、最後に私に回答を伝える瞬間。100％全開のドヤ顔!!　です。

そこには自分たちだけで学習を進めた充実感に溢れたＴくんの姿がありました。

学習を終えて

Ｔくんの他者との関係性に着目して構想した学習でした。結果からお伝えすると、彼は変わりました。この学習の途中から私以外の他者、具体的にはＭさんやＲさんやＡさんへ自分から話しかける様子が見られました。会話の内容は、学習で取り扱ったlittleBitsに関することが中心でしたが（他に共有できそうな話題がまだありませんでした）、学習で取り組んだ内容についてだったり、次の指令書に関することだったりを自分から他者に話しかけ、話題を共有したいという思いが溢れていました。

また、それだけにはとどまらず、学年の教師にも自分からlittleBitsの話題を介して話しかけ、関係性を築こうとする姿が見られました。この学習を境に彼が変わったというのは言い過ぎかもしれませんが、他者と関わる第一歩を踏み出したことは間違いなさそうでした。

授業者の私としては、彼の興味関心意欲を高める教材として、つなげるとすぐに光ったり音が鳴ったりするという即時性のある littleBits は、効果があったと感じています。

この学習では、いわゆるアナログ教材だったら、ここまで彼の意欲を高めることはできなかったかもしれません。学習を個別から小グループへという形に構成したことで、彼が自信を持って取り組め、関係性を築くことに寄与できたと考えます。これがいきなり小グループでの学習に入っていたら、彼はここまで積極的に自分から他者と関係性を築くことは難しかったかもしれません。

反省点は、彼らの学習活動をもっと積極的に見える化すべきでした。授業のポイントで写真や動画を撮り、授業の最後に振り返りとして提示したり、次時の導入で前時の学習の振り返りとして提示したりもしましたが、もっと大切なポイントに絞って提示すべきでした。学習の振り返りや想起が情意面に偏ってしまったことも反省です。

５．生活単元学習・自立活動(チャレンジタイム)「ストレッチにチャレンジ！」

出会い

小学部５年生のときに出会ったＯくん。

それまでも同じ校内ですれ違うたびに愛くるしい笑顔であいさつをしてくれていましたので、印象に残っている子どもの一人でした。しかし、実際に一緒に学習をしたことはありませんでしたので、それ以上の様子はなかなか知る機会がありませんでした。いざ、一緒に学習しますと、友達と関わることができ、それぞれの学習課題に対して積極的にチャレンジします。

ただ、運動面では、身体的な課題があり、一生懸命に課題に取り組むものの、あまりうまく自分を表現することができずにいるようでした。他の学習と同じように取り組んでいましたが、他の学習のようには達成感を感じてはいないのかな？　という表情が私には読み取れてきました。

おぉ!?　なんだこれは？

Oくんが自信を持って運動に取り組み、達成感を感じてほしいと思い、Oくんの好きなことリサーチをはじめました。友達や先生と関わることが好きなこと、大好きな友達からの言葉はすぐに理解し応じること、わかりやすくズッコケるようなお笑いが好きなこと、キャラクター等は流行のものを含めてかなりいろいろと知っていること。

運動面では、粗大運動は意欲と運動にズレが生じることがあること（意欲が空回りするような）、本人の身体イメージと実際の運動にズレがあること、ゆっくり身体の動きを止めるのはちょっと苦手そうなこと、ゆっくり身体を動かすのは自信がありそうなことなどがわかってきました。

そこで、Oくんと一緒にストレッチ運動をしてみることにしました。でも、ただストレッチ運動をするのでは、もともとあまり得意ではない運動でもあり、Oくんの意欲が続かないかもしれません。ここで登場するのがNHK for Schoolの「ストレッチマンV」*8です。

なぜ「ストレッチマンV」だったのか？

それは、まずOくんなら必ず登場するキャラクターたちに興味・関心

*8　NHK for School「ストレッチマンV」https://www.nhk.or.jp/tokushi/sman5/

を示してくれると思ったこと、とにかくメインキャラクター5人の個性がわかりやすいことに加えて、ストーリー中にわかりやすい笑いがあることも大切な要素でした。

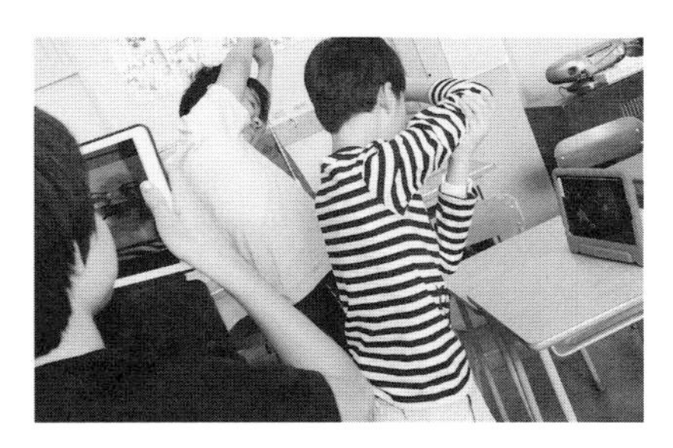

図23　自分たちで進めるストレッチ運動

この放送番組を上手く使えれば、Oくんは必ず自分から運動に取り組むようになると考えました。ただ、Oくん一人で取り組むのではなかなか達成感を味わうことは難しいと考え、彼がいつも多くの学習を共にする4人の仲間と一緒にグループで学習を進めることにしました。そうすることで、教師からだけではなく、友達同士で互いに評価し合うことで、Oくんが学習に対する達成感を持てるのではないかと思ったからです。

この学習は、計5時間で計画しました。タブレット端末で「ストレッチマンV」を視聴しながら、ストレッチ運動に取り組むことをメインの活動にし、友達同士、互いの運動の様子を別のタブレット端末で動画撮影し、評価し合うようにもしました。はじめて「ストレッチマンV」を視聴したときの、

「おぉ⁉　なんだこれは？」という感嘆したOくんの表情は、数年たったいまでもはっきり思い出せます。

ハマる

5時間という決して多くはない学習機会でしたが、Oくんをふくめ、5人のメンバーは、どんどんストレッチ運動にハマっていきました。そ

して、どんどん「ストレッチマンＶ」にハマっていきました。

互いにタブレット端末で撮影した動画を見ながら、他の友達から運動に対するコメントをもらうことで、Ｏくんは自分の運動と真剣に向き合っていました。映像で自分の動きが可視化されたことで、具体的な動きが理解しやすくなったのだと思います。

ちょっと苦手なゆっくり身体の動きを止めることも、友達と１・２……と声をかけ合いながら、少しずつできるようになりました。そんな自分の成長を感じたのか、Ｏくんは学習機会が増すごとにより積極的にストレッチ運動に取り組むようになっていました。

もっとやりたい

これは、後にＯくんの保護者から教えていただいたことですが、Ｏくんは家に帰ってからもご両親に「ストレッチマンＶを見せてほしい」と自分からお願いをして、見ていたとのことでした。

学習を計画した段階で私の頭の中には、うっすらとご家庭との連携のイメージがありましたが、学校での学習を進めることに精一杯で、ご家庭への発信は、正直、積極的にはできていませんでした。

学習で取り組んだ放送番組のおおまかな流れやワークシートの内容は、ご家庭と共有できていましたが、Ｏくんのストレッチ運動の細部の状態などまでは、うまく共有できていない段階でした。そんな中で、Ｏくんは自らもっとやりたい！　と自分の思いを表出し、伝えることができたのです。その思いに応えてくださったご両親もステキですが、Ｏくんがきっと苦手であろうストレッチ運動に自ら取り組む様子を伝え聞いたときには、この学習を計画し、進めてきてよかったと、本当に温かい気持ちになりました。

続けること

Oくんをはじめ、仲間のみんなはもう中学生です。彼らが中学部に進学するときに、私も中学部へと移りました。残念ながら、担当学年ではないのですが、年に数回彼らと一緒に学習する機会をいただいて、いまも一緒にストレッチをしています。

そんな彼らのうちの一人のお母さんが来校された際、声をかけて下さいました。

「先生、いまも家のタブレットを自分で操作して、ストレッチマンを見ているんですよ。」

「あの子はいつもなんだか楽しそうにストレッチしていますよ。」と。

残念ながら、彼らが大好きになった「ストレッチマンV」の番組は終了してしまったのですが、新たなシリーズがスタートしています。そして、ウェブ上では、いまも「ストレッチマンV」を見ることができます。これもまたICT機器の発展やネットワークの発展によって、可能になっていることですね。

昨年、「これがラストストレッチだ!!」と彼らに伝えて取り組んだストレッチ運動の学習ですが、家庭でも楽しみながら取り組んでいる彼らの様子を聞くと、今年もどこかで一緒にやれないかと模索をはじめたところです。

コラム　ちょっと便利な機能のご紹介

いまの端末には、さまざまな特性の方が使うことを予測して、便利な機能が実装されています。その中から、私が指導・支援の際に効果的であったと思うものを少しだけご紹介させていただきます。私が使用している端末は、基本的にりんごのマーク系です。なにか特別なアプリを用いるのではなく、これらの端末の基本設定の中に、すでに便利な機能がいくつもあるのです。

まずは、子どもたちが１つのことに集中できるようにする設定です。これは「アクセスガイド」機能です。単純に言うと、画面上で１つのアプリしか動かせなくなります。その他はロックがかかる状態です。端末から、**「設定▶アクセシビリティ▶学習サポート▶アクセスガイド」**と辿ります。

この設定では、パスコード設定をしたり、時間制限をしたりもできますので、子どもたちの使用状況等に応じて設定をすることができます。この設定については、保護者の方々からの質問でも一番多く、ニーズが高い設定の１つと思われます。余暇活動で紹介した動画の閲覧ですが、その終わり方が課題になることがあり、具体的な解決策を求める保護者の方々へご提案させていただく１つとなっています。複数の端末がある場合等は、もう一方の端末でタイマー表示をすると、子どもたちはより活動の見通しが持ちやすくなるかもしれません。

次は、Voice Over です。**「設定▶アクセシビリティ▶ Voice Over」**で辿り着きます。その名のとおり、画面上の文字を読み上げる機能です。いまの端末では、その読み方や読むスピード、読む内容等を予め設定することが可能です。

もう一つだけ。**「設定▶アクセシビリティ▶字幕とキャプション」**です。字幕が作成され、提示される機能です。いまの端末では、提示するスタイルを自分で編集することまでできます。フォントやサイズはもちろん、背景色や透明度まで設定できます。とても便利な機能の１つです。

第3章

将来へつなげる

選択肢を広げる

自動運転技術によって人がハンドルを握ることなく、目的地まで行ける、将棋や囲碁、チェスなどの私たちの身近にあるゲームで人がAIに負けてしまったなど、インターネットや新聞、あちらこちらでAIという文字が載る時代になりました。

特別支援教育においては、自立活動の観点からも、ICF（国際生活機能分類）の観点からもこれからますます発展し、便利になっていくICT機器は、子どもたちのニーズに応じながら、積極的に使っていくべきだと私は考えています。

ただし、それはあくまでも大人や支援者の押しつけではなく、子ども自身が選択できることが望ましいとも考えています。

選択肢を広げる、とは簡単に言ったもののそれほど簡単ではないことも理解しています。

まずは、**活用する場面を限定した中で、日常的に使用することを継続する**必要があります。**日常的に使っていくことでどのような使い方が本人にとってベターなのかが見えてくる**かと思います。そこで、アナログがいいのか、アナログとデジタルの組み合わせか、デジタルだけなのかを選択できるようにしていくことが大切です。

第1章でお話しした「コミュニケーション」や「スケジュール」は、その最たるものだと考えています。デジタルは、これからもっともっと機能が増え、便利になります。そのときに、自ら選択できることが必要なのです。子どもたちは大人の心配をよそに新しい機能をすぐに使いこなします。その部分の心配はいりません。

ICT機器を使い始めると、最初は、何でもかんでもICT機器でこなそうとするでしょう。写真を撮る、動画を撮る、ノートテイクする、メモする……等など。実際に私がそうでした。

例えば、最近では講演会で、講師のスライドを何枚もスマホで写真に撮っている人がいます。きっとメモなのでしょう。以前は私もやっていました。では、写真を撮った人たちの中で、どれだけの人が後からその写真を見返して、自らの学びに活かしているでしょうか？

この場面では、図や表などは写真に撮り、講師の話の中の要点は手書きでメモをするほうがよいのかもしれません。**目的に応じて選択できる**ことが大事なのだと考えます。でも、この「目的に応じて」が、子どもたちにはハードルが高いのです。

もう一歩踏み込んで考えますと、デジタルを選択した中でも、どのような機器を使うのか、どのようなアプリを使うのかという選択があります。写真を撮ること１つにしても、スマホか、デジカメか、はたまた一眼レフカメラかと選択肢があるわけです。

単純に、目的と用途に応じて選択できればいいのですが、子どもたちの場合は、いろいろと考えなければならない要素があります。

例えば、シャッター。物理的なボタンがあるほうがわかりやすい人もいれば、スマホのシャッターマークだけでよい人もいます。ファインダーをのぞいたほうが撮りやすい人もいれば、画面を見たほうがいい人もいるわけです。

アプリも同様で、用途と機能が１対１対応になっているようなシンプルなほうがいい人もいれば、１つでいろいろな機能をまかなう多機能なものがいい人もいるでしょう。これらの特性等も考慮しながら、選択できるようにサポートしていき、最終的には「目的に応じて」本人が選択できるのがベストです。

いまの生活に即して考えてみる

活用する場面を限定した中で、日常的に継続して使用し、目的に応じて選択を、とお伝えしましたが、もう少し具体で考えるにはどうしたらいいでしょうか。

その際、いまの子どもたちの１日の生活に即して考えてみると、見えてくるものがあります。その一部を見てみましょう。

睡眠……いまの生活でもわかるのは、就寝時刻や起床時刻、睡眠時間などですね。睡眠の質までは、一般の家庭ではなかなかわからないかもしれません。ですので、朝起きて子どもたちがなんとなく機嫌が悪そうとかなんとなく体調が悪そうという感じでしょうか。

例えば、ここにウェアラブルデバイスを用いるとどうでしょう。活動量計という言い方もあります。手軽に心拍数や消費カロリーが測れ、睡眠が浅い、深いといった睡眠の質まで把握できるものまであります。

最初は、保護者や支援者が端末の管理をすることが必要かとは思いますが、将来的に自分で体調を管理することができれば、自立の一助になると思います。もちろん、保護者や支援者にとっても本人の体調や睡眠の質まで把握することができれば、いままでなんとなくそれぞれの感覚で把握していたものが、数値で把握することができるようになりますので、より的確なサポートができるようになる可能性が高まることが期待できます。

この原稿を書きながら、私も取り組み始めました。自分の睡眠の質の悪さにこの歳になって、おどろいています。

食事……これは子どもたちに限ったことではなく、大人も含めて、摂取量やバランスに気をつけなければいけないのは言うまでもありませんね。では、皆さんは一体どのような工夫をされているでしょうか。

朝夜の食事は、家庭で摂ることが多いと思いますので、チェックすることは比較的容易にできるかと思います。では、日中はどうでしょう。学校がある日は、給食の献立表でカバーできます。放課後の摂取量はどのように把握されていますか？　いまは、放課後等デイサービスを利用されている子どもたちも多いですので、そこでのカロリーの摂取量なども気にかけることが必要かもしれません。

例えば、食べるものをスマホのカメラで撮影しておくことを習慣付けることで、後から把握することができます。さらに、アプリ[*1]を上手に使うことで、カロリー計算から健康管理についてのアドバイスまで受けることができます。

いまから写真を撮る習慣付けをしておくと、将来はAIがバランスを考慮した食事を提案してくれるようなサービスまで受けられるかもしれません。

排せつ……特別支援学校の小学部では、日常生活の指導の中で大きな割合を占めるものの１つに、トイレトレーニングがあります。

---

*1　例えば、以下等がある。「あすけんダイエット 体重記録とカロリー管理アプリ」WIT Co.,LTD. https://apps.apple.com/jp/app/id687287242

定まった時間に一緒にトイレに行き、用を足すことを促し、達成できた場合には行動を強化していくことで、トイレに関わる一連の動作を身に付けていくよう、サポートするというものです。

いまは、ご家庭での様子などを保護者の方から聞き取り、子どもたちの排尿間隔の大まかなあたりをつけ、記録を取って修正しながら排尿しそうな時間を定め、トイレで用を足すことで成功する頻度を上げるという方法が取られているかと思います。

それでも、人間のやることですから、その日の体調や環境によって、左右されることも多く、突然おしっこをしたくなったり、いつもは出る時間になっても出なかったりするものです。

ここに、ICT 機器を用いるとどうでしょう。

トイレに行くタイミングを尿の溜まり具合から計測して、教えてくれるという機器とアプリ*2。すべてが一度に解決できるわけではないとは思いますが、アプリで具体的にタイミングを可視化することで、子どもたちが自分からトイレに行くきっかけになるだろうと思いますし、これにより排せつの自立が促されるのではあれば、使用を検討する価値はあるかと思います。

このように、基本的な生活の部分においても、ICT 機器を選択できる環境が少しずつ整ってきています。まずは、いまの生活の中で、選択できるものをピックアップするところから、はじめてみるのがいいかもしれません。

---

*2　例えば、以下がある。排泄予測デバイス「DFree（ディーフリー）」https://dfree.biz/

地域とのつながり

先日、仕事の打ち合わせをするときに、いわゆるWeb会議の形で行う機会がありました。ネットワーク環境があれば、ほぼすべての端末で参加できるというものでした。このようなサービスがすぐに使える時代なのだと認識を新たにしました。これからはこのようなサービスがさらに充実していくことは簡単に予想できます。

学校で子どもたちが地域とつながりを持つとき、まずは互いに顔を合わせ、場を共有するところからスタートします。これが基本だと私も認識しています。しかしながら、はじめての場が苦手だったり、場を共有することに難しさがあったり、大きな空間で一定時間を過ごすことが難しかったりする子どもたちが一定数います。地域と、人とつながりを持ちたくないわけではないのです。ただ、その場を共有することが難しいのです。

そのような子どもたちにとって、Web会議のような形は一助になるかもしれません。私は普段、会議等は、予め関係性のできた者同士で行っていますが、予め関係性がない地域や場とWeb上でつながることも可能なのではないでしょうか。Web上で少しずつ関係性を築いた上で、直接的な場を共有していくという方法もあるのではないかと考えています。

そのためには、こちら側からの情報発信の方法も変えていく必要がありそうです。現状では、一方向性の情報発信が主かと思いますが、少しずつ双方向性のものにしていくことが求められると思います。

子どもたちの活動自体や思いをデジタルで具体的に発信し、それに地域の方がコミットして下さる、さらにはそのことについて互いの思いや意見をWeb上で交わす、地域の方々の活動に対して子どもたちがコミットするなどいろいろなアイディアが出てきます。
そういったことをすることで、いまより時間や場所の制限を受けることが少なく、互いのつながりを持つことが可能になるのではないかと考えています。

デジタルネイティブという前提

これから学齢期を迎える世代の子どもたちは、いわゆる「デジタルネイティブ」世代です。生まれたときからその傍らには、スマホやタブレット端末が普通にある生活をしている世代です。
時折、インターネットやスマホが子育てに与える影響等が報道されたりしていますが、その是非は別としてつねにスマホが身近にあり、すぐにインターネットにアクセスできることが当たり前の世代なのです。
そして、この先の将来において、この環境がすぐになくなるということは考えにくいのです。私を含め、保護者世代が過ごしてきた時代とは環境が圧倒的に違うのです。この前提をしっかりと認識すべきです。
この前提に立った上で、近い将来の具体的なビジョンを持つ必要性があります。もちろん、その近い将来においても機器類はさらに進化していることが予想されますので、ビジョンの先を行くこともあるかもしれません。そのときには、選択肢がまた増えたと前向きにとらえればいいだけです。
AIの進化に代表されるように、テクノロジーは日進月歩で進化しています。最先端のものにしがみつく必要はありませんが、断固拒否するものでもありません。**目的と用途に応じ、その都度、本人が選択できる準備をいまからしていくことは、大切なのではないか**と私は考えています。

おわりに

私のこれまでの取り組みにご興味を持っていただき、貴重な機会をいただきました青山新吾先生に謝意をお伝えしたいと思います。そして、長い間、最後まで本当に丁寧に根気強くお付き合い下さいました学事出版の加藤愛様には感謝しかありません。私の取り組みにご理解を示して下さっている保護者の皆様、何より、私と一緒に学習に取り組んでくれている子どもたちにもこの場をお借りして深謝します。本当にありがとうございます。

本書の中心は、ICT 活用です。しかしながら、一読された方の中には違和感を持たれた方もいるのではないでしょうか。ICT 活用が前面に出ているというよりは、子どもたちとの関わりの中で、ICT がどのような役割を果たしていたのかということに意識を向けて書くよう努めました。その部分が少しでも伝わり、皆さんの取り組みの一助になるようなことがあれば、嬉しい限りです。

今後、特別支援教育における ICT 活用は新たな局面に入ると予想しています。それはプログラミング的思考の育成です。すでに先進的な学校ではいくつかの取り組みがスタートしています。その状況を注視しながら、目の前の子ども一人ひとりに応じた取り組みを進めなければなりません。これは決して平坦な道ではない気がしています。しかし、子どもたちと関わる皆さんが目の前の子どものことを一番に考え、学習や取り組みのねらいを明確にすれば、道は開けていきますし、そのためのネットワークはすでに、特別支援教育の世界の中にできあがっていると思います。私も目の前の子どもたちと関わりながら一緒に試行錯誤して前進していきます。

郡司竜平

郡司竜平（ぐんじ・りゅうへい）

1976年旭川市生まれ。北海道内特別支援学校教諭。2001年北海道教育大学大学院旭川校を修了。旭川市内の小学校特別支援学級で勤務した後異動し、通常学級を４年間経験する。特別支援教育コーディネーターにも携わり、障がいのある児童生徒の地域での生活に関心を寄せる。その間、関わった子どもたちや保護者、地域の方々との関わりのように、これからも障がいのある子どもたちと関わり続けたいとの思いから現任校へ。数年前より長年在籍した小学部から中学部へと仕事の場を移す。ここ数年は、特別支援教育におけるタブレット端末を用いた授業づくりを中心に、NHK for School ×タブレット端末活用研究プロジェクトにも研究員として関わっている。

青山新吾（あおやま・しんご）　＊シリーズ編集代表

1966年兵庫県生まれ。ノートルダム清心女子大学人間生活学部児童学科准教授、同大学特別支援教育研究センター長。岡山県内公立小学校教諭、岡山県教育庁指導課特別支援教育課指導主事を経て現職。臨床心理士、臨床発達心理士。著書に、『自閉症の子どもへのコミュニケーション指導』（明治図書）『インクルーシブ教育を通常学級で実践するってどういうこと？』（学事出版）ほか多数。

特別支援教育 ONE テーマブック

ICT 活用 新しいはじめの一歩

2019年９月26日　第１刷発行

著　者――郡司竜平

発行者――安部英行

発行所――学事出版株式会社
〒101-0021　東京都千代田区外神田2-2-3
電話 03-3255-5471
http://www.gakuji.co.jp

編集担当　加藤　愛
装丁　中村泰広　イラスト　喜多啓介　本文デザイン　三浦正已
印刷製本　精文堂印刷株式会社

© Ryuhei Gunji 2019 Printed in Japan　　落丁・乱丁本はお取替えします。

ISBN978-4-7619-2578-9　C3037